KB158042

나는 대한민국 경찰입니다

류삼영 지음

윤석열 정부와의
한판 승부

나는 대한민국 경찰입니다

메디치

세상과 사람을 향한
프러포즈

평생 경찰로 살아왔고, 나름 성실하게 삶을 엮어 왔다고 생각한다. 무엇보다 특별한 야심이나 야망 없이 살아온 삶이라고 자신하던 나였다.

'계획된 우연'이라는 말이 있다. 우연은 너무나 정교하고 예측 불허다. 우연이 겹치면 그것은 운명이다. 운명의 힘은 나를 뜻하지 않는 곳에 데려다 놓았다. 지금 나는 꿈에도 예상하지 않았던 곳에 서 있다. 외롭고 위태롭기까지 하다. 강 하류에 모래가 쌓여 모래톱이 생기듯, 우연이라는 모래가 자꾸만 쌓여 모래톱을 만들고 나는 그 모래톱 위에 서 있다.

강 하류는 아름답다. 넓은 바다를 앞두고 있고, 가을이면 갈대숲도 신비롭게 술렁인다. 지금 나는 내가 태어난 부산, 여전히 살고 있는 그 부산을 감아 도는 낙동강 하류의 모래톱에 서 있는 것 같다. 모래톱은 점점 커져 육지와 닿을 수도 있고, 천천히 씻겨나가 강물 속으로 사라질 수도 있다. 그러므로 나는 미래를 알 수 없다.

그래서일까? 하고 싶은 말을 미룰 수도, 알고 있는 사실을 묻어둘 수도 없다. 물론 사람에 따라 세상을 보는 기준이 다르고 선과 악을 보는 기준이 다르다. 세상 사람 모두에게 나와 같은 시각을 가져달라는 것은 아니다. 다만, 내 뜻은 이러하고 내가 보아온 사실은 이러했다는 것을 담담히 전하고 싶을 따름이다.

구호를 외치지 않아도, 험하고 강한 말을 하지 않아도, 특정 세력을 지지하지 않아도, 또 설령 특정 세력을 질타한다고 해도 이것이 나의 정의이고 나의 선(善)이다. 어떤 이는 나와 같은 곳을 바라볼 것이고, 또 다른 이는 나를 두고 길을 잃었다 할 것이다. 사람은 혼자 살 수 없고 세상은 어울려 살아가는 곳이다. 나 역시 이 진리에 충실하고자 한다. 무소의 뿔처럼 혼자 가겠노라며 만용을 부릴 생각은 추호도 없다. 솔직하게 말하고, 거짓 없이 행동하는 것이 나의 평생 철학인 만큼 그것을 실행으로 옮기고자 한다.

인생 후반기를 모래톱에서 시작한다. 이 위태한 곳에 선 나는 같은 곳을 바라볼 길동무도 필요하고, 길을 잃었을 때 방향을 알려줄 안내자도 필요하다. 한나절 정도는 쉬어갈 수 있게 어깨를 내어줄 이도 꼭 필요하다. 그러므로 이 책은, 또 나의 글은 세상과 사람을 향한 나의 프러포즈이기도 하다. 악수 대신, 한 잔 술 대신 마음 담아 건네는 책 한 권이다.

2023년 12월
류삼영

차례

프롤로그　세상과 사람을 향한 프러포즈 · 5

1장　정의를 말하고자 저항에 나서다

7월 23일 오후 2시 · 13 | 정복은 나만 입겠다 · 18 | 행안부 장관의 독주, 전 청장의 사임 · 23 | 한 시간 후의 대기 발령 · 27 | 경찰국 신설, 정권의 경찰 장악 · 33 | 국민 70퍼센트가 반대하다 · 44 | NO! 국민 청원 15만 1,237명 · 49 | 행정안전위원회 증언대에 서다 · 54 | 자전거 타고 산전수전 · 60 | 그리고 4개월 후 날아든 중징계 · 64 | 나는 규탄한다, 보복 인사를 · 69 | 미련 없이 경찰을 떠나다 · 72 | 지난 여름, 가을 그리고 지금 · 76 | 국민 여러분! 정말 감사했습니다 · 80

2장　검찰 공화국의 부끄러운 민낯

정치적 계산으로 만든 '독항아리' · 87 | '검수원복'을 향한 밑그림 · 92 | 검찰 공화국은 현재 진행형 · 96 | 무엇이 달라졌을까 · 100 | 우리는 경찰국을 원하지 않았다 · 104 | 권력의 시녀가 될 것인가 · 108 | 뜻대로 되진 않을 터이다 · 113

3장 **파마머리를 한 경찰서장**

경위 류삼영, 다리뼈가 부서지다 · 119 | 나이도 계급이고, 계급도 나이다 · 124 | 경찰서장으로 다시 돌아온 '깡깡이 마을' · 128 | 알고 보니 국가유공자 집안 · 133 | 경찰서 옥상 공원 정자(亭子)의 비밀 · 139 | 화백회의를 벤치마킹하다 · 143 | 어쩌다, '반부패수사대장' · 147 | "총경 머리가 그게 뭐꼬?" · 152 | 정의란 무엇인가 · 157 | 내가 차를 마시는 이유 · 161

4장 **대한민국 경찰을 위한 변(辯)**

거짓말탐지기에 흔들린 범인 · 167 | 편지 한 통과 지문 그리고 과학수사 · 174 | 벼룩의 간을 빼 먹는 놈들 · 179 | 경찰은 채권추심원이 아니다 · 184 | 공정의 판을 깨는 사람들 · 189 | 칼끝은 둥글게 · 194 | 세계적으로 높은 치안, 누가 만들었을까 · 199 | 트라우마는 그대로이고 수사 인력은 제자리다 · 204 | 경찰의 인권도 중요합니다 · 209

에필로그 역사는 반드시 기억한다 · 212

1장

정의를 말하고자
저항에 나서다

7월 23일
오후 2시

2022년 7월 23일. 아침 6시에 눈을 떴다. 충남 아산 경찰인재개발원에서 전국경찰서장회의가 개최되는 날이다. 회의 개최를 주도할 때는 이미 비장한 각오로 무장했던 터였지만, 막상 눈앞의 현실이 되고 보니 가슴 한편 불안함을 감출 수가 없었다. 불법행위나 죄를 짓는 일도 아니건만 '경찰'이라는 공직자 신분으로 벌인 전례 없는 일이었다. 회의 후 어떤 풍파가 나와 우리 동료들을 덮칠지 추측조차 할 수 없었다. 어쩌겠는가, 이미 주사위는 던져졌는데.

숙소에서 출발을 준비하면서 마음을 다시 다잡았다. 회의 개최 결정 후 며칠간 이어진 경찰 동료 수만 명의 응원을 떠올렸다. 마땅히 해야 할 일이라는 정의감은 한결 더 크게 부풀어 올랐다. 게다가 전날과 마찬가지로 이른 아침부터 서로 자기

차를 운전해서 나와 같이 가겠다고 하는 여러 동료와 후배의 전화를 받았다. 한결 든든했다. 또 오랜 친구들에게서 응원의 전화도 걸려 왔다. 그럴 때마다 나는 농담 같은 진담으로 응수했다.

"내 34년 경찰 인생 오늘로 끝날 수도 있다. 너그 회사도 좋고 어디 경비 자리라도 하나 있는지 알아봐라. 알겠나?"

아산 인재개발원으로 가는 길은 동료가 운전해주는 차량으로 이동했다. 동료들이 동행해주었기에 아침에 느꼈던 불안감은 어디론가 사라졌다. 안정감과 함께 현실을 좀 더 냉철하게 받아들이는 여유까지 생겼다. 그 덕에 개별 이동을 택한 동료에게 급히 연락해 경찰 정복을 부탁했고, 인재개발원에 도착해 정복으로 갈아입는 센스까지 발휘했다.

회의 시작 1시간 전 아산 인재개발원에 도착했다. 그 순간 갑자기 걱정이 앞섰다. 이를테면 소문난 잔치에 사람도 없고 먹을 것도 없다면 어쩌나 싶었다. 회의에 참여하는 정확한 인원을 알 수 없는 데다가 기자들은 많이 왔는데 정작 경찰서장들은 너무 적게 참석한 초라한 모습으로, 자칫 '태산명동서일필(泰山鳴動鼠一匹)'이 되지 않을까 염려스러웠다. 며칠 전부터 기자들이 계속해서 이구동성으로 물어온 질문이 "서장은 몇 분이나 참가하세요?"였기 때문이다. 하지만 그런 나의 심정은 한마디로 괜한 걱정이었다. 회의장인 최규식홀로 향하는 입구에 들어서는 순간 온몸에 희열 같은 전율이 느껴지면서 눈이 커지고 얼굴은 밝아졌다. 초조가 흥분으로 급전환되고 있었다.

'그대 선 이 자리, 경찰의 미래', '경찰국 설치 반대를 위한 전국경찰서장회의를 적극 지지합니다', '행안부 경찰국 신설 절대 반대'. 먼저 현장에 도착한 직장협의회 관계자 100여 명이 현수막을 내걸고 도열해 "서장님 응원합니다", "감사합니다"를 외치면서 우리를 맞이했다. 취재진의 카메라 플래시가 여기저기서 마구 터졌다. 이뿐만이 아니었다. 전국 각지의 직장협의회에서 보내온 '경찰국 반대, 총경 여러분을 환영합니다'라는 리본을 단 화환 수십 개가 양옆으로 서 있었고, 최규식홀 문 바로 앞에는 총경급 이상 경찰관 350여 명이 보낸 무궁화 화분이 작은 동산을 이루고 있는 게 아닌가. 전국 총경 600여 명 중 과반이 넘는 숫자가 자신의 실명을 걸고 공개적으로 경찰서장회의를 지지한 셈이다.

나는 머리와 가슴으로 느껴지는 묘한 희열감을 감추고 비장한 표정으로 회의장인 최규식홀에 입장했다. 이날 회의는 현장에 참석한 총경 54명과 화상으로 참석한 총경 140명까지 총 190여 명이 참석했다. 회의는 경찰의 미래를 걱정하며 진지하게 진행되었다. 참석자들은 의제인 '행정안전부 내 경찰국 신설'에 대해 이는 경찰의 정치적 중립을 해치는 중대한 문제라는 것에 의견을 모으고 대책을 논의했다.

대통령령 제정을 통한 행안부 내 경찰국 신설은 법적으로 하자가 있어 효력이 없다는 것이 명백했다. 하지만 대통령이 의지를 갖고 강하게 밀어붙이는 상황이었다. 현실적으로 경찰국 신설은 불법이고 위법한 절차를 거쳤다는 사실을 강조했다. 이러한 현실에 인식을 같이하면서 경찰국 신설에 대한 경찰 구성원의 우려를 담은 의견을 언론에 발표하고, 경찰청장에게 대통령령 제정을 정지해줄 것을 요청하기로 입장을 정리했다.

회의가 무르익어 가는 도중 긴급 상황이 벌어졌다. 경찰인 재개발원장을 통해 경찰서장회의를 즉시 중단하고 해산을 명하는 경찰청장의 직무명령을 전달받은 것이다. 경찰청장의 해산명령과 경찰서장회의 참석자에게 강경하게 대응하겠다는 언론을 통한 경찰청의 압박을 전해 듣자 참석자들 사이에서 약간의 동요가 일어났다. 경찰청의 위협을 걱정하면서 조심하자는 말이 오갔다. 그 상황을 마냥 지켜보고만 있다가는 되레 회의를 열지 않은 것보다 못한 꼴이 될 수도 있겠다는 생각이 들었다. 나는 진심을 담은 말로 치고 나갔다.

"동료 여러분! 내 나이가 환갑이 다 되어가는데 평생 조심만 하고 살았습니다. 하지만 조심한다고 해서 세상은 바뀌지 않았습니다. 그래서 나는 결심했습니다. 이제부터는 더 이상 조심하며 가슴 졸이며 살지 않기로요. 그래서 조금 손해를 보더라도 마음이 시키는 대로, 가슴이 뛰는 대로 살기로 했습니다. 가슴이 뛰는 대로 살면 조금 손해를 볼지언정 세상을 바꿀 가능성이 있고 나중에 후회할 일도 없겠지만, 그냥 가슴 졸이며 조심하기만 하면 손해볼 일은 없어도 무시당하다 사라질 뿐입니다."

이 말이 끝나자 회의에 참석한 동료들의 동요는 가라앉았고 남은 회의 일정을 예정대로 진행할 수 있었다. 오후 6시 회의를 마무리하면서 결과를 현장에 있는 언론에 간략하게 브리핑했다. 회의 참석자 대다수가 경찰국 신설은 경찰의 정치적 중립을 해칠 수 있다는 우려를 표시했다는 내용이었다. 그리고 회의 결과를 그다음 주 월요일 경찰청장에게 전달하기로 했다.

회의를 마치고 인재개발원에서 나오던 그 순간, 내 가슴은 반드시 해야 할 일을 해냈다는 자신감과 자긍심으로 가득 차 있었다. 또 그곳에 서 있던 부산 경찰의 응원 버스와 울산 경찰이 마련한 400여 명분의 음료 재료를 실은 푸드카를 보면서, 그리고 회의장 입구에 있던 수많은 화환과 무궁화 화분을 기억하면서 14만 경찰 가족의 미래와 희망을 떠올렸다.

정복은
나만 입겠다

"아빠! 어제 멋졌어요. 아빠 생각이 옳다고 생각하고 적극 지지합니다."

"TV 봤나? 너가 그래 말해주고 믿어주니 고맙다."

"근데 아빠! 혼자서만 경찰 정복을 입으셨던데요."

"그랬지. 와 이상했나? 다 그럴만한 이유가 있는 기라. 그게 말이지…."

딸이 물었다. 왜 나 혼자서만 정복을 입었느냐고. 아산 인재개발원에서 열린 전국경찰서장회의가 방송 뉴스와 기사로 쏟아져 나오자 나는 갑자기 실시간 인물 검색 1위가 되어 전 국민에 '핫'한 인물이 됐다. 한동안 친구, 지인, 친척, 선후배에게서 셀 수 없이 많은 전화를 받았다. 그들 중에는 내 딸처럼 지지와 응원을 하면서도 유독 나만 정복을 입었던 것에 대해 궁금해하는 이들이 적지 않았다.

사실 그날 숙소에서 출발할 당시엔 정복 차림이 아니었다. 나뿐만 아니라 회의에 참석한 동료들과 응원을 온 직장협의회 후배들도 사복이었다. 당연한 일이었다. 그날은 토요일이었고 모두가 휴가를 내고 온 만큼 업무 현장이 아닌 장소에서 굳이 정복을 입을 필요는 없었다.

그런데 차로 인재개발원으로 이동하는 도중 미처 생각하지 못했던 갈등이 생겼다. 행사 중에 입을 복장에 대해 사려 깊게 고민하지 않았다는 거였다. 많은 경찰서장이 오고 각종 매스컴에서 기자들도 모여들 텐데 행사 주최자인 나 한 사람이라도 정복을 입어야 예의가 아니겠는가 하는 생각이 들었다. 이미 기차가 출발했으니 난감하기는 했지만 늦었다고 생각될 때가 그나마 실행으로 옮기기에는 가장 빠르다는 판단을 내렸다. 개별적으로 오는 후배에게 내 정복을 가져다달라고 부탁했고, 인재개발원에 도착하자마자 정복으로 갈아입었다.

내가 경찰 정복을 선택한 이유는 또 있었다. 우리 회의가 정부에 맞서는 모습으로 언론에 비치게 되면 자칫 경찰서장회의 참석자들을 징계할 가능성이 있다는 생각이 들었다. 다른 참석자들의 징계 가능성을 낮추고, 나 혼자 모든 책임을 지기 위해서는 복장으로라도 다른 참석자들과 구별 지을 필요가 있었다.

정복을 입은 것은 스스로 참 잘한 일이라고 칭찬해줄 만한 것이었다. 며칠 후 언론을 통해 공개된 이상민 행안부 장관의 허튼소리가 얼마나 비현실적인 얘기였는지를 단적으로나마 증명해준 일이 아니었나 싶기도 했다.

"경찰 총수인 경찰청장 직무대행자가 해산명령을 내렸는데도 그걸 정면으로 위반했다. 각자의 위수 지역을 비워놓고 모임을 한 건 군으로 치면 거의 하나회의 12·12 쿠데타에 준하는 상황으로 대단히 부적절하다."

7월 25일 오전 정부서울청사에서 열린 기자회견에서 이 장관은 경찰국 설치에 반대하는 전국경찰서장회의를 1979년 12월 12일 전두환의 하나회 등 신군부 세력이 주도한 군사 반란 사건(12·12 쿠데타)에 준하는 상황으로 규정했다. 그러고는 경찰은 물리력과 강제력, 심지어 무기도 소지할 수 있는 만큼 한군데 모여서 회의를 진행할 경우 대단히 위험하다는 자의적 견해를 밝혔다.

하지만 같은 날《오마이뉴스》에서는 헌법학자, 경찰행정학과 교수, 변호사 등 법률 전문가들의 인터뷰를 담은 〈"경찰서장회의, 12·12 쿠데타에 준한다" 이상민 장관 발언은 '거짓'〉이라는 기사를 통해 이 장관의 '쿠데타' 비유가 부적절할 뿐 아니라 "12·12 쿠데타에 준한다"는 주장도 사실에 부합하지 않는다고 보도했다.

만일 그날 참석한 경찰서장 전원이 경찰 정복을 입었더라면 이 장관의 쿠데타 발언에 조금이라도 빌미를 제공하는 일이 되지 않았을까 싶다. 나 혼자만 입었기에 반대론자들의 질타가 나에게로 집중되었고, 경찰국 신설을 반대하는 우리 경찰들의 입장은 좀 더 이슈화될 수 있었던 셈이다.

34년간 입은 경찰 정복 차림을 불편하거나 부끄럽게 여긴 적은 단 한 번도 없다. 공식 석상에 정복을 입고 나간 것이야말로 후회하지 않을 선택이었다는 자부심을 느낀 것은 경찰서장회의 이후에도 여러 차례 있었다. 특히 그해 8월 18일 오후 국회에서 열린 행정안전위원회 전체회의에 증인으로 참석했을 때가 그랬다.

경찰국 설치에 반발하는 전국경찰서장회의를 주도했다는 이유로 이미 대기발령을 받은 시기였다. 어떤 이유로든 국회에 불려나갈 때는 경찰 제복이 아닌 정장 차림을 하는 게 통례라고 한다. 하지만 나는 이때도 경찰 정복 차림으로 국회에 갔다.

국회 건물 안으로 들어가자 행안위 회의가 열리는 장소로 향하는 복도에 경찰청 기관 업무 보고차 방문한 경찰청장과 간부들이 서 있었다. 그들은 하나같이 사복 차림이었다. 그들 옆으로 나는 당당하게 걸어 들어갔다. 나 자신이 자랑스러웠다. 적어도 나는 14만 경찰 가족을 대신해 우리의 목소리를 냈으니까. 국회에서도 대한민국 경찰의 한 사람으로서 결코 부끄럽지 않은 일을 했다고 말할 수 있었으니까. 그날 행안위 임호선 의원은 국회 역사상 경찰 정복을 입고 국회에 출석한 경우는 내가 처음이라고 했다.

세월이 흐른 뒤 딸과 아들이 옷방 장롱을 열었을 때 아버지의 경찰 정복을 보게 된다면 어떤 기분을 느낄지 궁금하다. 전국경찰서장회의 전날 이미 아빠의 선택과 용기를 적극 지지한다고 응원했던 자식들이 아니었는가.

나는 대한민국
경찰입니다

행안부 장관의 독주,
전 청장의 사임

전국경찰서장회의가 열린 것은 초유의 사태였다. 그 발단은 이상민 행정안전부 장관이 취임하면서부터 시작된 경찰국 신설 논란이었다.

2022년 5월 12일. 이상민 행안부 장관은 취임하자마자 경찰 장악 의지를 드러냈다. 장관 직속 경찰제도개선 자문위원회를 만들고 경찰에 대한 민주적 통제를 강화하는 방안을 마련하겠다고 했다. '행안부가 경찰 통제에 나섰다'는 일부 해석에 그는 통제가 아닌 견제와 균형을 그 목적으로 둔다고 답했다.

자문위원회 구성은 미리 짜놓은 각본 그대로 곧바로 이루어졌다. 경찰 한 명, 공무원 세 명 그리고 민간 전문가 등 총 5명으로 구성됐다. 장관 취임 다음 날인 13일, 경찰제도개선 자문위원회 첫 회의가 열렸고 향후 경찰 수사의 민주적 운영

방향이 논의됐다. 행안부 장관이 경찰청장 등 총경 이상 인사 제청권을 갖지만, 경찰의 고유 사무에 대한 권한은 제한적이며 국가경찰위원회가 경찰 인사와 예산 등을 심의 및 의결한다는 것이 문제가 되었다. 따라서 경찰권 강화 견제를 위해 자치경찰제 재정비로 국가경찰 권한을 축소하고 국가수사본부장에 외부 인사를 임명한다는 등의 방안들이 논의되었다.

경찰국 신설을 향한 자문위의 움직임은 속전속결이었다. 5월 20일 2차 회의에서는 '국가경찰위원회는 합의체적 성격이 강해 통제적 성격이 미약하다'는 전제하에 정부조직법상 행안부 장관 사무에 치안을 부여하는 안이 검토되었고, 6월 3일 3차 회의에서는 행안부도 경찰의 통제권을 갖는 방안들이 논의되었다. 이어서 6월 10일 열린 4차 회의에서는 행안부와 경찰청을 연결하는 공식 조직을 만들고, 행안부 장관이 경찰청장에게 지시할 수 있는 근거 규정을 두도록 하는 내용 등을 장관에게 건의하기로 의견이 모아졌다.

결국 6월 21일 자문위 권고안이 발표됐다. 행안부 내 경찰국 신설, 행안부 장관의 소속 청장에 대한 지휘 규칙 제정, 고위직 경찰공무원에 대한 후보추천위원회 설치, 감찰 및 징계 제도 개선 등이었다. 그리고 6일 후인 6월 27일 오전 11시, 이 장관은 기다렸다는 듯이 권고안을 수용했다.

그날 경찰국 신설안 수용에 대한 기자회견을 본 김창룡 경찰청장은 곧장 사의를 표했다. 경찰 내부의 반대 의견을 여러 차례 행안부 장관에게 설명했지만, 장관의 독주를 막을 수 없었던 것이다. 김 청장은 훗날 "장관과의 대화는 마치 벽을 보고 대화하는 느낌이었다"고 회고했다.

그 후 7월 15일 이 장관은 "경찰 관련 중요 정책과 법령의 국무회의 상정, 총경 이상 경찰공무원에 대한 임용 제청, 국가경찰위원회 안건 부의, 자치경찰 지원을 담당하는 경찰국을 신설하겠다"라고 경찰제도개선안 최종안을 발표했다. 장관 취임 후 불과 2개월 3일 만에 경찰국 신설에 따른 작업을 속전속결로 처리했다. 이를 지켜본 경찰은 물론이고 일반 국민 사이에서도 '무소불위의 정권, 행안부의 독주'라는 말이 저절로 나올 수밖에 없었다.

이쯤 되자 경찰 내부에서는 마치 벌집을 쑤셔놓은 듯한 어수선한 분위기가 확산하기 시작했다. 누구랄 것 없이 치밀어 오르는 화를 참을 수 없는 상황이었다. 여기에 기름을 부은 것은 다름 아닌 7월 18일 열린 경찰청 지휘부의 화상회의였다. 윤희근 경찰청장 후보자는 경찰국 신설에 반대했던 경찰청의 공식 의견을 찬성으로 뒤집기 위해 전국 경찰 지휘부 회의를 화상으로 소집했다. 회의에서 윤 청장 후보자는 이상민 행안부 장관의 개별 면접을 통해 승진한 서울경찰청장, 경찰대학장 등 소수의 치안정감 위주로 찬성 의견을 청취한 뒤 후속 일정을 핑계로 서둘러 회의를 마무리했다. 더 이상의 의견 청취는 없었다.

이때 화상회의에 참여한 경찰서장과 총경들에게는 단 한 마디의 의사도 물어보지 않았다. 우리는 의견을 밝힐 수 없었고 찬성과 반대 버튼도 누를 수 없었다. 현 정부에 순응하는 극소수 간부의 의견만으로 경찰국에 반대하는 경찰 전체의 의견을 간단히 뒤집어버린 것이다.

그 시간 나는 울산중부경찰서 회의실에서 과장급 이상 간부 10명과 함께 화상회의를 지켜보고 있었다. 현 정부와 행안부 장관, 윤희근 경찰청장 후보자 그리고 찬성 의견을 낸 간부들을 향한 분노가 내 가슴속에서 부글부글 끓어올랐다. 비단 나만 그랬을까. 경찰 가족 모두가 나와 같은 심정이었을 터였다. 그때를 떠올리면 이 책을 읽는 독자들에게 만약 당시 우리 경찰서장이나 총경들의 입장이었다면 기분이 어떠했을까 묻고 싶을 정도다. 나는 함께 있던 동료들에게 큰 소리로 말했다.

"이거 말이 되나? 너그들 어떻게 생각하나?"
"택도 안 되는 소리입니다."
"옷을 벗더라도 의사 표현은 해야 합니다."

그날 오후 5시, 나는 전국경찰서장회의 소집을 제안했다.

나는 대한민국
경찰입니다

한 시간 후의
대기발령

경찰청은 전국경찰서장회의가 종료된 지 약 2시
간 만인 이날 오후 8시쯤 류 서장에게 "울산광역시 경찰청
공공안전부 경무기획정보화장비과(대기) 근무를 명한다"고
통지했다. 이날 충남 아산 경찰인재개발원 최규식홀에서 열
린 회의 현장에 참석한 총경급 경찰관 56명에 대해서도 감
찰에 나섰다. (〈'경찰국 반발' 서장회의 주도 류삼영 총경 대기발
령…경찰 내홍 격화〉, 《뉴스1》, 2022년 7월 23일 자)

아산 인재개발원에서 6시경 회의를 마치고 동료들과 함께
울산으로 내려가는 중이었다. 7시가 막 지난 시간이었다. 돌
아오는 차 안에서 울산경찰청 인사계장에게서 전화가 걸려
왔다.

"서장님! 대기발령 났습니다."

울산중부경찰서장 직위를 해제하고 울산경찰청에 대기하라는 발령을 받은 것이다. 언론에서는 회의 종료 2시간 후라고 했지만 실제로는 1시간 만이었다. 전화를 받는 순간 '드디어 올 것이 왔구나' 하는 심정이었다. 하지만 순간 나는 격분했다. 회의가 끝난 후 어떤 형태로든 조치가 취해질 것이라는 예측은 했지만 빨라도 너무 빨랐다. '당신들 꼭 나에게 이렇게까지 해야 하는가!' 불쾌함과 함께 찾아온 분노였다.

그날 회의가 끝난 뒤 취재진과의 인터뷰에서 "휴일에 다들 허락받고 법적인 절차를 지켜서 왔으며 경찰의 미래가 걸린 중대한 문제에 대해 논의하기 위해 휴일에, 경찰기관에, 경찰이 모인 것은 문제가 전혀 없다고 생각한다"고 말했다. 이어 "총경들끼리 2차, 3차 회의도 할 수 있다는 결론을 내렸다. 일선의 목소리를 전달하는 경우가 없었는데, 중대한 문제에 대해 일선의 의견을 모은 경찰서장회의가 필요하다는 의견이 나왔다"고 말했다. 그러나 이런 나의 정당한 입장 표명과는 정반대의 결과가 나온 것이다.

급할수록 쉬어가라고 했다. 가슴속에서는 34년간 충성했던 경찰청에 대한 배신감과 단 몇 시간도 지나지 않아 칼 같은 조치를 내린 그 잔인함을 향한 적개심이 불타오르고 있었다. 하지만 머리는 냉정을 되찾아야 한다고 말하고 있었다. 내 집무실이었던 울산중부경찰서장실에 도착하자마자 나는 짐을 싸야 했다. 그러다가 대기발령장을 사진으로 찍어 곧장 경찰 내부 소통망인 '현장활력소'에 올렸다. 다른 말은 한마디도 하지 않았다.

7월 23일 저녁 가장 먼저 이루어진 《뉴스1》과의 통화에서 말했다. "이번 조치야말로 인사권 장악의 위험성이 드러난 것이다. 회의에서 경찰서장 협의회장을 맡아달라는 요청이 있어 이를 수락했다. 오늘 회의를 주도적으로 했다는 이유로 이렇게 인사 조치가 이뤄지지 않았나. 그간 경찰 인사권이 장악되면 위험하다고 계속 경고해왔다"고 당당하게 밝혔다. 무엇보다도 "이번 인사 조치를 통해 나 하나 불이익을 받음으로써 이번 사안의 위험성을 국민이 알게 됐다면 남는 장사다"라는 내 소신을 공개적으로 밝혔다. 지금 생각해도 참 잘한 일이라고 생각한다.

대기발령 소식이 전해지자 전국의 언론으로부터 빗발치는 전화 세례를 받았다. 그날 저녁부터 불이 난 전화기는 다음 날에도, 그다음 날에도 계속해서 식을 줄 몰랐다. 이튿날인 일요일 오후에는 주로 TV 방송사들과 인터뷰를 했다. 7개 TV 방송국과 연속해서 30분 혹은 한 시간 간격으로 오후 내내 인터뷰가 이어졌다. 처음에는 경찰서장실에서 인터뷰를 했지만 나중에는 서장실에서 쫓겨나 경찰서 구내 커피숍으로 이동해 방송 인터뷰를 했다.

월요일 새벽에는 라디오 방송국들과 전화 인터뷰를 했다. 라디오 인터뷰는 경찰서장 관사에서 전화로 이루어졌다. 경찰서장실에서는 쫓겨났지만 관사는 그대로 쓸 수 있었기 때문이다. 월요일까지 전국 대부분의 TV 방송국과 라디오 방송국 그리고 신문사들과의 인터뷰가 이어졌다. 나중에 들은 이야기로는 대통령도 단시간에 그렇게 많은 언론과 인터뷰하는 것은 불가능하다고 했다.

일이 커지자 언론을 통해 나오는 정부의 목소리도 거세지고 있었다. 일요일에는 김대기 대통령 비서실장이 처음으로 대통령실 기자실에 방문해 경찰서장회의의 부적절함에 대해 언급했다. 월요일에는 대통령이 출근길에 기자들과 만나 경찰서장회의를 중대한 국기 문란이라고 말했다. 심지어 행안부 장관은 경찰서장회의를 하나회의 쿠데타와 다를 바 없다고 강도 높은 비난을 했다.

쿠데타라니. 그저 당하고만 있을 내가 아니었다. 대기발령 후 26일 울산경찰청으로의 첫 출근길에서 진행된《뉴스1》인터뷰에서 나는 이상민 행안부 장관이 전국경찰서장회의를 쿠데타에 준하는 상황이라고 언급한 것에 대해 "경찰의 정치적 중립을 훼손하는 것이야말로 헌법 질서를 교란하는 쿠데타적 행위라고 생각한다"고 말했다.

이날《뉴스1》에 기사화된 8가지 질의응답 중 경찰국 신설에 대한 우리 경찰의 입장과 내 소신을 정확하게 밝힌 두 가지를 꼽는다면 다음과 같다.

Q. 이상민 행정안전부 장관이 '전국경찰서장회의'를 쿠데타
에 준하는 상황이라고 했는데.

A. 쿠데타가 아니라 쿠데타를 막는 것이다. 경찰의 정치적
중립은 헌법 7조에 규정되어 있다. 공무원은 정치적 중립
을 유지해야 한다. 행안부에 경찰국을 설치하는 것은 경
찰의 정치적 중립을 훼손하는 것이다. 정치적 중립을 훼
손하는 것이야말로 헌법 질서를 교란하는 쿠데타적 행위
라고 생각한다. 그 행위를 막아보겠다는 행위가 어떻게
쿠데타적 행위라 하겠는가. 거꾸로 말씀하시는 것이다.

Q. 행안부 경찰국 신설안이 오늘 국무회의에 상정된다.

A. (경찰국 신설 관련) 논의가 졸속으로 진행됐다. 내용도 정
의롭지 않지만 절차는 더더욱 정의롭지 않기 때문에 즉각
중단해야 한다. 국민적 여론을 충분히 수렴하고 적법성
문제를 충분히 검토한 후에 해도 늦지 않다. 경찰청장이
부임하고 청장이 내부적인 논의를 충분히 거쳐 경찰의 의
사와 국민 각계각층의 의사를 수렴해 문제가 발생하지 않
는다는 충분한 보장이 있어야 한다. 청장이 책임 있게, 소
신 있게 목소리를 낼 수 있는 시점까지는 절차를 중단해
야 한다.

전국경찰서장회의로 불을 지핀 경찰국 신설 문제는 회의 후 불과 2~3일 만에 전 국민이 알 정도로 떠들썩한 뉴스가 되어버렸다. 대기발령을 받았지만, 한편으로 오히려 잘된 일이다 싶었다. 경찰서장회의가 경찰만의 문제로 남지 않고 국가적인 이슈로 확대된 것은 국민의 알 권리를 위해 우리 경찰이 목소리를 낸 결과 아니겠는가.

경찰국 신설,
정권의 경찰 장악

"1991년 경찰청법을 제정해 내무부(현 행정안전부) 소속이었던 치안본부를 경찰청으로 독립시키고, 경찰위원회를 둬 민주적 통제를 받도록 했다. 경찰국 설치는 이런 입법을 명백히 훼손하는 시도다. 경찰이 권력의 하수인으로 전락하는 지름길이다."

2022년 6월 21일 오후, 행안부 경찰제도개선 자문위원회의 경찰제도개선 권고안 발표가 예정되어 있었다. 이날 아침 경찰 출신인 권은희 국민의힘 의원은 MBC라디오 〈김종배의 시선집중〉에 출연해 경찰국 설치 시도를 이렇게 꼬집었다. 또 권 의원은 "행안부가 시행령을 통해 경찰 인사권과 징계권을 가져갈 수 있는가"에 대한 질문에 "정부조직법과 경찰청법 위반이다. 이를 시행한 행안부 장관은 탄핵 사유에 해당한다"고 말했다. 여야 정당의 입장을 떠나 자신의 소신을 밝히는 한편, 행안부의 잘못에 대해 냉철한 잣대를 들이댄 것이다.

자문위는 기어코 그날 오후 1시 행안부 내 경찰 관련 지원 조직(가칭 '경찰국') 신설과 행안부 장관의 경찰청장 지휘권 명문화 등의 내용을 골자로 하는 경찰제도개선 권고안을 발표했다. 권고안 안에는 수사권 조정으로 몸집이 커진 경찰을 견제하는 내용이 담겼다. 언어 사용과 표현만 달랐을 뿐 윤 정부의 경찰 장악 의도를 명백히 드러낸 셈이었다.

국가공무원노동조합 경찰청 지부는 '행안부 경찰국 신설에 반대한다'는 제목의 성명서를 발표하면서 "검경 수사권 조정으로 비대해진 경찰 권한을 통제하기 위해 또 다른 비대 권력인 '빅브라더' 행안부를 만들겠다는 1차원적 발상은 결국 권한 돌려먹기일 뿐 결코 권력분립의 취지를 달성할 수 없다"고 강력하게 비판했다.

이날 서울경찰청 직장협의회 대표단도 자문위 권고안 발표 브리핑이 열린 정부서울청사 앞에서 기자회견을 열고 "경찰의 독립성과 중립성을 훼손하는 행안부 경찰국 설치에 반대한다"고 밝히면서 "행안부 내 경찰국 신설을 통해 인사, 예산, 감찰 사무에 관여하고 수사 지휘까지 하겠다는 발상은 경찰의 독립성 및 중립성과 민주적 견제 원칙을 훼손할 것"이라고 말했다.

경찰만이 아니었다. 참여연대 등 시민단체들로 결성된 경찰개혁네트워크도 이날 기자회견을 열어 "행안부의 경찰 직접 통제 강화는 정치적 통제의 강화일 수는 있어도 민주적 통제의 강화로 보기는 어렵다"고 주장했고, 경찰 정책 심의·의결 기구인 국가경찰위원회 또한 "(권고안은) 경찰행정 제도를 32년 전의 과거로 되돌리려 한다는 심각한 우려를 갖게 한다"는 입장문을 내놓았다.

경찰국 설치는 정치의 일환으로 위헌적인 시행령이었다. 이명박 정부에서 법제처 수장을 지낸 이석연 전 처장은 "법률로 정해서 위임하지 않은 사무를 시행령으로 위임하는 건 헌법 제75조의 포괄적 위임 입법 금지 원칙에 어긋나는 것으로 법치주의의 근간을 흔드는 행위다. 내가 법제처장이었다면 직을 걸고 막았을 것"이라고 밝히면서 경찰국 신설이 필요하다면 야당과 협의해 정부조직법을 고쳐야 한다는 의견을 제시하기도 했다.

나로서는 윤석열 정부의 경찰 장악 의도를 의심하지 않을 수 없었다. 경찰국 설치 의도로 '경찰 장악'이라는 본질이 가려지는 것은 아니다. 법령의 제·개정이 필요한 사안이나 경찰의 장기적인 발전 방향 등에 대해 경찰위의 심의·의결을 거쳐 장관의 승인을 받도록 하겠다는 방침만 봐도 그렇다. 합의제 독립 기구인 경찰위를 사실상 행안부 장관의 하위 기구로 만드는 셈이고, 정부조직법에도 없는 시행령 통제를 강화하는 것이다.

당시 행안부는 민정수석비서관실의 폐지로 경찰 통제가 불가피하고, 대통령실이 직접 하는 것보다 경찰국을 만드는 것이 낫다고 설명했다. 하지만 본래 경찰청을 행안부로부터 분리한 이유는 불법 수사 무마의 재발을 막기 위한 것이었다. 그러니 대통령실이 행안부를 통해 경찰을 다시 장악하려 한다는 오해를 받지 않기 위해서는 위법 가능성부터 차단해야 한다.

행정안전부의 사무에는 치안이 없지만, 치안의 사무를 관장하기 위해 법률로써 경찰청을 두고 있고 경찰청의 조직은 법률(정부조직법 제34조 5항, 6항)로 정하고 있다. 정부조직법 제34조 6항에 근거해 국가경찰과 자치경찰의 조직 및 운영에 관한 법률(통칭 경찰법)에 경찰의 조직 구성에 대해 규정하고 있고, 해당 조문 어디에도 행정안전부가 경찰국을 신설할 수 있다는 근거는 없다.

정부조직법에는 법무부 장관과 행정안전부 장관의 관장 사무가 명시되어(40쪽 〔자료 2〕 참고) 있는데 법무부 장관의 사무에는 '검찰'이 포함된 반면 행안부 장관의 사무에는 경찰에 관한 사무가 없다. 1991년 법 개정으로 행안부의 전신인 내무부 장관의 임무에서 경찰에 관한 사무를 삭제했다. 더군다나 검찰청법에 법무부 장관이 '검찰 사무의 최고 감독자'라고 못박아 장관의 지휘·감독권을 명확히 하고 있으나, 국가경찰과

나는 대한민국
경찰입니다

자치경찰의 조직 및 운영에 관한 법률엔 그러한 조항이 아예 없다.

오히려 경찰청장의 지휘·감독권을 명시한 조항은 있다. 정부조직법, 검찰청법, 경찰법 등 관련 법령의 입법 취지를 미루어 살펴보면 검찰은 장관의 직접 통제를, 경찰은 경찰위원회를 통한 간접 통제를 채택했다. 즉 경찰 조직의 비대화로 통제 방식을 바꾼다는 논리가 맞다고 해도 법 개정으로 해결해야만 한다.

윤석열 정부의 방침은 권위주의 정부로의 급격한 회귀이자 법치주의·민주주의 역행이 아닐 수 없는 일이었다. 경찰의 정치적 중립성을 약화하는 것이다. 1991년 경찰법 제정에 따라 내무부 산하 치안본부는 경찰청이라는 외청으로 독립되었다. 독재 정권의 수족 노릇을 한 경찰의 정치적 중립성을 보장하기 위한 것이었다. 만약 경찰국이 신설된다면 대통령에서 행안부 장관, 경찰청장으로 이어지는 수사 지휘 라인이 형성될 것이라는 우려와 지적이 나올 수밖에 없는 이유다. 잘못된 경찰권 견제의 방향성에 대한 나의 입장은 이랬다.

"경찰의 권한이 비대해진 것은 맞지만, 시민 참여나 경찰위원회를 통해서 통제하는 것이 맞다. 이런 식으로 수직적으로 이어지는 직할 체제는 경찰의 종속으로 귀결될 위험이 크다고 판단한다. 경찰권이 행안부에 예속되면 권력자의 눈치만 살피

게 될 것이다. 국가경찰위원회를 격상시키고 정치적 중립성을
갖춘 위원들을 구성해 민주적 통제를 강화해야 한다."

〔자료 1〕

'경찰제도개선 권고안'에 대한 정치권의 반응

만약 행안부 장관이 법무부가 검찰을 관리하듯이 경찰국을 통해 경찰을 관리하고 싶으면 우선 정부조직법부터 바꿔야 한다. 법을 바꾸지 않는 이상 (경찰국 설치는) 위법한 경찰 관리 방식이 된다. 또 경찰국 신설은 1990년대 이전에 내무부 치안본부 시대로 회귀하려고 하는, 역사의 시곗바늘을 거꾸로 돌려놓으려고 하는 퇴행이다. 경찰의 역사는 민주주의 발전과 궤를 함께해왔는데 이런 역사성을 무시하고 경찰 중립성 확보를 퇴행시키는 반시대적인 내용을 담고 있어 매우 우려스럽다.

— 더불어민주당 황운하 의원

행안부 장관이 시행령 규정을 시도한다면 헌법상 법률 우위의 원칙이나 현행 정부조직법, 경찰청법 위반이기 때문에 헌법과 법률 위반으로 탄핵 사유에 해당한다. 국회에서 행안부 장관 탄핵소추를 진행하고, 헌법재판소에서 탄핵심판이 진행되도록 하는 절차가 맞다.

— 국민의힘 권은희 의원

검찰은 합법, 경찰은 불법. 검찰은 혁명, 경찰은 쿠데타 등 '검로경불(검찰이 하면 로맨스, 경찰이 하면 불륜)'이다. 같은 사항을 검찰과 경찰이 똑같이 해도 어떻게 이렇게 다른 잣대를 적용하는가. 행안부 장관의 천재적 발상에 과연 스타 장관은 특별한 재능을 가졌다고 혀를 내두를 수밖에 없다.

— 박지원 전 국정원장

경찰의 자문위원회가 어제 발표한 이른바 '경찰의 민주적 관리 운영과 효율적 업무 수행' 권고안은 정작 들어가야 할 핵심 내용은 모조리 빠진 행정안전부의 경찰 직접 통제권 강화안이다.

— 정의당 원내대표 겸 비상대책위원장 이은주 의원

경찰제도개선 자문위원회 권고안은 경찰의 중립성과 독립성을 보장하는 정부조직법과 경찰법 취지에 정면으로 위배된다. 이 권고안을 시행령으로 추진한다면 명백히 법률에 위반하는 행위로, 행안부 장관 탄핵 사유에 해당한다.

— 더불어민주당 서영교 의원

〔자료 2〕

법률상의 법무부 장관과 행안부 장관의 임무 규정의 차이

제32조(법무부) ① 법무부 장관은 검찰·행형·인권 옹호·출입국 관리 그 밖에 법무에 관한 사무를 관장한다.

나는 대한민국
경찰입니다

제34조(행정안전부) ① 행정안전부 장관은 국무회의의 서무, 법령 및 조약의 공포, 정부조직과 정원, 상훈, 정부 혁신, 행정 능률, 전자 정부, 정부청사의 관리, 지방자치제도, 지방자치단체의 사무 지원·재정·세제, 낙후 지역 등 지원, 지방자치단체 간 분쟁 조정, 선거·국민투표의 지원, 안전 및 재난에 관한 정책의 수립·총괄·조정, 비상 대비, 민방위 및 방재에 관한 사무를 관장한다.

〔자료 3〕

역대 정권의 경찰 제도 변천사

제1공화국 이승만 정권 정부조직법 제정 1948. 7. 17. [법률 제1호]

제15조(내무부)

내무부 장관은 **치안**·지방행정·의원 선거·토목과 소방에 관한 사무를 장리하고 지방자치단체를 감독한다.

제2공화국 민주당 정권 정부조직법전부 개정 1960. 7. 1.

제2장 국무원

제13조(경찰기구)

① **경찰의 중립성을 보장하기 위하여 공안위원회를 둔다.**

② 공안위원회의 조직과 경찰행정에 관하여 필요한
사항은 법률로써 정한다.

제3장 행정각부

제16조(내무부)

① 내무부 장관은 (치안삭제)지방행정·선거·도로·교량·
하천·수도·건축과 통계에 관한 사무를 장리하고 지
방자치단체의 사무를 감독한다.

제3공화국 박정희 정권 정부조직법 폐지 제정 1961. 10. 2.

제20조(내무부)

① 내무부 장관은 지방행정·선거와 **치안**·소방 및 해양 경
비에 관한 사무를 장리하고 지방자치단체의 사무를 감
독한다.

② 전항의 사무를 분장하게 하기 위하여 내무부에 지방국
과 치안국을 둔다.

제6공화국 노태우 정권 여소야대 국회 政府組織法 일부 개정
1990. 12. 27.

제31조(내무부)

① 내무부 장관은 (치안삭제)지방행정·선거·국민투표 및
민방위에 관한 사무를 장리하고 지방자치단체의 사무
를 감독한다.

③ 치안 및 해양경찰에 관한 사무를 관장하게 하기 위하여 내무부 장관 소속하에 경찰청을 둔다.

④ 경찰청의 조직·직무 범위 기타 필요한 사항은 따로 법률로 정한다.

※ 대체로 **독재 정권**에서는 내무부 장관의 임무에 **치안**을 넣어 내무부(행정안전부의 전신)가 **경찰을 장악**하게 했고, 이에 반해 제2공화국 민주당 정권처럼 **민주 정권**에서나 노태우 정권하의 여소야대 국회에서는 정부조직법을 개정해 **경찰을 내무부에서 분리해 공안위원회나 경찰청으로 독립**시켰음을 알 수 있다.

국민 70퍼센트가
반대하다

대표가 귀를 닫고 직원들의 입을 막는 기업은 무너진다. 아니 당연히 사라져야 한다. 국내외 어느 기업이든 요즘 공통분모로 통용되는 진리다. 국가는 어떨까? 국민의 말에 귀를 막고 자신들의 말만 앵무새처럼 반복하는 정부는 독재의 연장이자 망국으로 가는 지름길이나 다름없다.

2022년 8월 경찰국 신설 당시, 윤석열 정부가 직접적으로 영향을 받는 일선 경찰의 말은 물론이고 국민의 말에도 귀를 막았다는 것은 부인할 수 없는 사실이다. 경찰국 신설을 앞두고 실시된 국민 여론조사에서 신설에 반대하는 여론이 찬성에 비해 한참 많았다는 것이 명백하게 밝혀졌기 때문이다. 그런데도 윤석열 정부는 기어코 행안부 내 경찰국을 신설해 운영 중이다.

과연 윤 정부는 국민의 말을 듣지 않고 자신들의 입맛대로, 욕심대로 중대 사안을 처리했다는 비판에 대해 "우리는 국민의 의견을 수렴했다"라고 말할 수 있는가. 국민의 투표에 의해 선출된 대통령과 그 정부가 드러낸 민낯치고는 참으로 뻔뻔하기 이를 데 없다. 2022년 7월은 경찰국 신설 찬반을 묻는 여론조사가 줄을 이으면서 '경찰국 신설'은 그야말로 '뜨거운 감자'였다. 전국경찰서장회의 전후로는 더더욱 그랬다.

7월 26일부터 27일까지 이틀에 걸쳐 한국갤럽이 전국 성인 1,000명을 대상으로 실시한 조사 결과, 행안부 내 경찰국 신설 추진이 '정부가 경찰 조직을 통제하려는 과도한 조치'라고 평가한 응답은 51퍼센트, '경찰의 권한 남용을 견제하기 위해 필요한 조치'라는 응답은 33퍼센트, '의견 유보'는 16퍼센트였

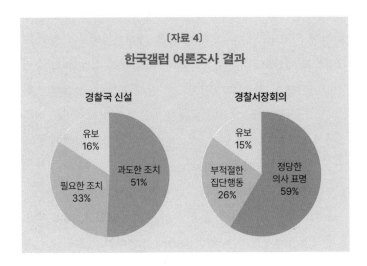

〔자료 4〕
한국갤럽 여론조사 결과

경찰국 신설

유보
16%

필요한 조치
33%

과도한 조치
51%

경찰서장회의

유보
15%

부적절한
집단행동
26%

정당한
의사 표명
59%

다. 또 총경 회의에 대한 질문에는 '정당한 의사 표명'이 59퍼센트, '부적절한 집단행동'이 26퍼센트, '의견 유보'는 15퍼센트로 밝혀졌다.

한국갤럽에 앞서 조원씨앤아이가 7월 2~4일 실시한 여론조사 결과에 따르면 행안부의 경찰국 신설 필요성에 대해 반대 51퍼센트, 찬성 40.3퍼센트로 나타났다. 반대 의견이 찬성보다 무려 10.7퍼센트나 많았다. 또 7월 9일부터 10일 SBS 의뢰로 넥스트리서치가 실시한 조사 결과에서는 경찰국 신설 방침에 대해 '경찰 독립성을 훼손할 수 있어 적절하지 않다'는 의견 47.9퍼센트, '비대한 경찰 권력을 견제할 수 있어 적절하다'는 의견 39퍼센트로 이 조사 역시 찬성보다 반대가 8.9퍼센트나 많았다.

이게 전부가 아니다. 미디어토마토 조사에서는 경찰국 신설 반대 의견이 59.4퍼센트, 찬성은 29.9퍼센트로 나타났고, TBS가 의뢰한 KSOI 여론조사에서도 행안부 경찰국 신설 반대 46.4퍼센트, 찬성 39.7퍼센트로 반대가 많았다. 그런가 하면 7월 15일부터 20일까지 실시한 마크로밀 엠브레인의 여론조사에서는 응답자의 무려 70.4퍼센트가 경찰국 설치에 반대했다. 게다가 응답자 중 67.2퍼센트는 '경찰국 설치 시 경찰의 정치적 중립성에 영향을 미칠 것'이라고 답했다.

국민의 절반 이상이 경찰국 신설은 잘못되었고, 내가 주도한 전국경찰서장회의는 정당한 의사 표명이라고 손을 들어준 것이다. 여론조사 전문 기관은 많다. 어느 기관의 조사만 옳고 그르다고 판단할 수는 없다. 조사 방법이나 응답한 대상층이 상이할 수 있고 기관마다 차이도 존재하기 때문이다. 하지만 한 곳이 아닌 다수의 여론조사 기관에서 공통된 결과가 나타났다면 이는 신뢰하고 인정해야만 한다.

여론조사를 의뢰한 측도 또 담당했던 조사 기관들도 제각각이지만 여론조사 결과는 '경찰국 신설에 반대한다'의 의견이 지배적이었다. 하지만 정부는 이러한 국민 여론을 수렴하지 않았다. 아니 아예 귀를 닫고 듣는 척도 하지 않았다. 무시 그 자체였다. 2022년 7월 한 달 내내 국민의 관심이 촉발하면서 찬반 여론이 명백하게 드러났지만, 바로 그다음 달인 8월 2일 경찰국 신설은 이루어졌다. 이 정부를 누가 국민과 소통하는 정부라고 여기겠는가.

그런데 언론에서는 전례 없는 대통령의 소통 강조 소식이 들려왔다. 지난 2023년 10월 어느 한 신문의 칼럼에서는 윤 대통령이 최근 소통을 강조하고 나섰는데, 강서구청장 보선 참패가 그 결정적 계기라고 썼다. 법원의 유죄 결정으로 물러난 전직 구청장을 판결문의 잉크도 마르기 전에 사면·복권시켜 재출마 길을 열어준 대통령, 그의 오만과 독선에 대한 민심의 심판 때문이라는 해석이었다. 그래서 대통령이 "국민은 늘 옳다며 국민소통, 현장 소통, 당정 소통을 더 강화해달라"고 내각과 참모들에게 지시했다는 내용이었다. 또 비슷한 시기 한 기사에는 대통령이 중동 순방 길에 나서면서 "컴퓨터 화면을 쳐다보는 행정, 보고서로 밤새는 행정이 아니라 어려운 국민의 생생한 절규를 듣는 현장 행정에 매진해달라"고 했다는 내용이 등장했다.

"말은 비단이네"라는 비아냥이 입에서 저절로 흘러나왔다. 민심을 경청하는 게 소통은 맞지만, 말과 행동이 다른데 어떻게 믿을 수 있나. 오죽하면 한 유명 인사가 '입벌구(입만 벌리면 구라)'라고 칭했겠는가. 국민의 목소리와 의견을 무시하고 경찰국을 신설한 정부다. 앞으로도 정부가 귀를 닫은 채 말과 행동이 다르다면, 그 어떤 현실에 대한 국민 여론도 한낱 공허한 메아리가 될 수밖에 없을 것이다.

나는 대한민국
경찰입니다

NO!
국민 청원 15만 1,237명

우려가 현실이 됐다. 일선 경찰들의 반발이 격화하는 가운데 2022년 7월 26일 오전 10시 정부서울청사에서 한덕수 국무총리 주재로 열린 제33회 국무회의에서 행안부 경찰국 신설 시행령안을 의결했다. 경찰제도개선 논의를 시작한 지 불과 석 달 만에 경찰 업무 조직이 행정안전부 내에 신설되었다. 경찰국 신설은 경찰청이 내무부 산하 치안본부에서 외청으로 독립한 1991년 이후 31년 만의 일이었다.

우리 14만 경찰에게는 정말이지 참담한 현실이었다. 전국 경찰서장회의를 주도한 대가로 며칠 전 대기발령받은 내 처지는 걱정할 일도 아니었다. 독선이나 다름없는 행안부의 경찰국 신설에 대해 경찰 입장에서 정의를 말하고자 저항에 나섰으니, 이번에도 가만히 있을 수 없었다. 행안부 내 경찰국 신설을 위한 대통령령이 국무회의를 통과한 것과 관련해 그날 오후 2시 나는 울산광역시청에서 기자회견을 열었다.

"경찰국 신설을 위한 대통령령이 국무회의를 통과한 것은 졸속일 뿐만 아니라 국회의 입법권 침해입니다. 우리나라를 법치국가가 아닌 시행령 국가로 만드는 심히 우려스러운 조치가 아닐 수 없습니다. 본 사안은 시행령이 아닌 국회의 입법 사항임을 밝히고, 관련 논의가 보다 신중하고 폭넓게 진행되기를 바랐습니다.

경찰관 개인으로서나 조직적인 차원에서 경찰국 신설 추진을 막을 방법이 더 이상 없는 것을 잘 알고 있습니다. 하지만 정권의 경찰 장악과 그로 인한 피해는 역사가 기록할 것이고, 멀지 않은 시기에 바로잡힐 것으로 확신합니다.

나는 경찰로서 더 이상 대통령령을 제지할 수 없음을 인정합니다. 이제 국회와 국민의 시간이 왔습니다. 국회는 헌법상 입법권을 침해하고 법치주의 원칙, 적법절차의 원칙 등을 심각하게 위반하고 정부조직법과 경찰법의 취지를 침탈하는 대통령령에 대해 권한쟁의 심판 청구 등 가능한 모든 조치를 취해주십시오. 저에 대한 대기발령 처분과 감찰, 징계 조치에 있어 소송 등 불복 절차를 통해 부당성을 알리고 싸워나가겠습니다. 언제나 국민만 바라보는 경찰이 되기 위해 최선을 다할 것입니다."

나는 대한민국
경찰입니다

상황은 긴박하게 돌아갔다. K 경감의 제안으로 7월 30일 '전국 14만 경찰 회의'를 열자는 계획이 추진되고 있었던 만큼 일선 경찰들로서는 '결국 이렇게 끝이 나는 건가?'라는 한숨이 터져 나오면서 분노만 번지고 있었다. 대통령령이 이미 통과되었으니 경찰로서는 추진을 막을 방법이 없는 것 아닌가. 사태가 걷잡을 수 없이 커지는 이 같은 상황에서는 냉정한 판단이 필요했다.

그날 저녁 7시, 나는 경찰 내부망 '현장활력소'에 14만 전국 경찰 회의 자제를 당부한다는 글을 올렸다. 많은 직원이 형사상, 행정상 책임을 지게 될 것을 우려했기 때문이다. 다만 청장에게는 별도로 내부 의견을 수렴할 절차를 진행해줄 것을 요청했다. 그러자 다음 날인 27일 14만 경찰 회의를 주최하고자 했던 K 경감도 '경찰 회의 추진을 철회한다'는 입장을 밝혔다.

그런데 온라인에서는 그야말로 놀라운 일이 벌어지고 있었다. 그날 전국경찰직장협의회는 경찰국 반대 청원을 개설했다. 직장협의회가 추진하는 국회 청원은 의원 소개 청원으로, 국회의원의 소개를 받아 제출하는 청원을 말한다. 오전 10시 30분부터 시작한 청원은 불과 8시간 만에 15만 1,237명이 동참하는 전례 없는 일이 벌어졌고 하루 만에 35만 명을 돌파했다. 27일 전국경찰직장협의회는 이날 9시 25분 기준으로 35만 7,000명이 '경찰 지휘 규칙 관련 대국민 입법 청원 운동'에 참여했다고 밝혔다. 이와 같은 찬성 수는 일반 국민의 적극적인 참여가 이루어지지 않고서는 불가능한 일이었다. 국민이 우리의 입장에 동참해준 것이다.

그렇다면 우리 경찰들의 간절한 요구였던 경찰국 신설 반대는 희망으로 이어졌을까? 모두가 그렇게 되길 원했지만, 희망이 절망으로 바뀌는 것은 이미 예고된 일이었다. 불과 일주일 뒤인 8월 2일 행안부 산하 경찰국이 신설됐다. 총괄지원과, 인사지원과, 자치경찰지원과 등 3개 과 16명의 조직이 탄생했다. 인사지원과, 자치경찰지원과의 과장은 모두 경찰 출신으로 선발했고, 총괄지원과장은 행안부 출신으로 인사발령되었다. 경찰국은 경찰청 수뇌부의 역할을 무색하게 하는 새로운 권력의 중심부가 됐다.

다만 나는 당시 국민 청원에 찬성을 표하면서 덧붙인 국민의 목소리를 기억한다. 그 많은 찬성의 숫자는 경찰국 신설을 반대한 우리 경찰이 옳았음을, 또 정당한 입장 표명이었음을 대신 말해주는 게 아니겠는가.

"류삼영 총경 지지합니다."
"류삼영 총경님, 적극 지지합니다. 대한민국의 모든 경찰관 뒤에는 항상 깨어 있는 국민이 있다는 걸 잊지 마십시오."
"쿠데타를 민주적인 기자회견으로 대응하신 점에 경의를 표합니다. 힘내세요. 국민이 있습니다."
"경찰 파이팅! 경찰이 이렇게 멋지게 보인 적은 처음입니다."

나는 대한민국
경찰입니다

"아닌 건 아니라고 말할 수 있는 진정한 용기를 지지하고 응원합니다."

"대한민국 국민은 끝까지 지켜볼 것입니다! 정의로운 대한민국 경찰 파이팅."

"국민의 경찰이 되기 위한 경찰 여러분의 노고, 역사는 기억할 것입니다. 국민의 경찰, 응원합니다."

그때 한 국민이 직접 손으로 그려 올려준 내 캐리커처는 보면 볼수록 정겹기만 하다. 마른 얼굴에 파마머리를 한 모습이었다. 누군가 말했다. 흡사 어린왕자(?) 같다고.

행정안전위원회
증언대에 서다

2022년 8월 18일 국회 행정안전위원회에서 전체회의가 열렸다. 증인으로 출석한 나에게 이형석 더불어민주당 의원이 물었다.

"이상민 행안부 장관이 전국경찰서장회의를 하나회 쿠데타에 비유했는데 어떻게 생각하십니까?"

"공무원의 정치적 중립은 헌법에 규정된 중요한 원리인데 그걸 지키겠다고 휴일에 사비를 들여 회의하는 사람들에게 쿠데타 발언을 하신 건 저는 거꾸로 생각합니다. 공무원의 입을 막아서 중립을 훼손하는 절차를 진행하는 세력들이 오히려 쿠데타 일당이라고 말할 수 있을 정도로 적반하장 아닙니까?"

이어서 경찰국 설치에 대한 경찰 내부 분위기는 어떠하냐는 질문을 받았다.

"대통령령을 만들 때 특별한 일이 없으면 40일의 의견 수렴 기간을 두게 했는데 이런 큰일(경찰국 설치)을 4일 정도만 의견을 수렴하고 마는 건 경찰 구성원의 의사는 안중에도 없다는 걸 방증하는 대목입니다. 경찰국을 설치하면서 '복수 직급제 노력하겠다. 공안직 직급 보수 준다'는 얄팍한 당근을 탁 끼워 넣는 건 정말 제복 입은 경찰을 무시하는 처사입니다. 당근 하나 있으면 무슨 짓이든 할 수 있다고 착각하는 거라고 봅니다. 그래서 대부분 분개하고 있습니다."

애초 전국경찰서장회의가 있다는 사실을 보고받고 나중에 내용을 알려달라고 했던 윤희근 경찰청장이 회의 당일 해산 직무명령을 내린 데 대해서도 나는 사실 그대로 말했다.

"합리적인 사람이라면, 이중인격이 아니라면 그렇게 할 수 없습니다. 그러니까 청장 의사에 개입할 수 있는 영향력이 행사됐다는 게 합리적 추론이라고 봅니다."

사실 이 발언은 일선 경찰서장급인 총경이 경찰청장을 '이중인격자'라고 비난한 셈이다.

대기발령을 받은 후 전국경찰서장회의 개최를 주도했다는 이유로 내가 국회 행정안전위원회 전체회의까지 갈 줄은 예상하지 못했다.

그 과정은 이러했다. 2022년 6월 27일 임기 만료 23일을 남기고 김창룡 경찰청장이 사임 의사를 표명하자 윤석열 대통령은 채 두 달이 지나지 않은 7월 4일 자신의 임기 첫 초대 경찰청장으로 윤희근 치안정감을 지명했다. 애초 여야는 8월 4일 윤희근 경찰청장 후보자에 대한 인사청문회를 열기로 잠정 합의했지만 계획서 채택이 무산됐다. 청문회에 나를 증인으로 선정하는 문제를 두고 여야 입장 차가 너무 컸기 때문이다.

당시 김교흥 민주당 행안위 간사는 강경했다. 민주당은 윤 후보자가 대기발령 조치를 내린 나와 김호철 국가경찰위원장에 대한 증인 채택을 요구했다. 행안위 야당 간사로 선임된 김 의원은 "현재 경찰국 신설에 대해 14만 경찰들이 문제 제기하고 있고, 국민의 70퍼센트가 넘게 반대하고 있는 상황에서 류삼영 총경이 꼭 증인으로 채택됐으면 좋겠다"고 말했다.

또 "핵심 증인인 류삼영 총경을 인사청문회에 출석시켜야 하지만 국민의힘에서는 합당한 사유와 대안 없이 반대만 외치고 있다"며 "류삼영 증인이 없는 인사청문회는 '짜고 치는 쇼'에 불과하며 '앙꼬 없는 찐빵'이나 다름없으니 반드시 증인으로 출석해야 한다"고 주장했던 터였다.

이에 반해 나의 증언이 윤희근 경찰청장 후보자 임용에 절

나는 대한민국
경찰입니다

대적으로 불리하다고 믿는 국민의힘은 "불법으로 경찰서장 회의를 주재한 류삼영 총경은 인사청문회의 증인으로 출석해 증언할 수 없다"는 이만희 간사의 발언을 통해 증인 채택을 끝까지 반대했다. 여야 간의 치열한 기 싸움, 논리 싸움 끝에 결론이 나왔다. 나의 인사청문회 증인 채택은 불발되었고 대신 행정안전부·경찰청의 국회 기관 업무 보고 증인은 채택하기로 합의된 것이다.

그날 국회 행정안전위원회 전체회의에서 민주당 임호선 의원과의 이어진 질의응답 과정에서 나는 경찰 지휘 규칙 제정에 대해 하고 싶은 말을 거침없이 다 쏟아냈다.

"경찰청장은 행안부 장관 부하가 아닙니다. 그런데 경찰청장이 없는 시기에 후보자 신분을 악용해 지휘 규칙 제정에 찬성하라고 시킨 것이죠. 전국에 있는 경찰관은 행안부 장관이 수사를 지휘할 수 있는 상사라고 생각한 적 없습니다. 그런데 행안부 장관이 취임하자마자 이런 일을 두 달 만에 강행했습니다. 벼르고 있었던 것 같습니다."

또 전국경찰서장회의 참석자에 대한 대규모 감찰과 나에게 내려진 대기발령에 대해서는 "구성원의 자유로운 의사 결정을 방해하고 정부나 상부의 지시와 맞지 않으면 감찰하는 관행은 없애야 한다"며 "사법 투쟁을 통해서 막아보려 노력하고 있다"고 말했다.

이쯤 되자 여당 의원들에게서 질타가 나왔다. 국민의힘 이만희 의원은 나에게 "문재인 정권하에서는 경찰의 정치적 중립이 잘 지켜졌다고 생각하냐"라고 물은 뒤 "울산시장 선거 개입, 드루킹 댓글 조작, 보수단체와 민노총 집회 관리가 어땠는지 본인 스스로가 더 잘 알 것"이라고 했다. 이어서 그는 "청와대 비서실 같은 데서 비공식적으로 알려지지 않은 상황에서 인사를 처리하면 경찰의 정치적 중립성이 보장되냐. 총경 이상 인사가 장관 통제에 들어가면 경찰이 장관의 통제를 받아 국민의 인권 침해가 생기고, 청와대 비서실 지휘를 받으면 인권이 보장된다는 논리는 어떻게 구성되냐"라고 물었다.

그러면서 나에게 따로 답변할 기회는 주지 않았다. 하지만 국민의힘 소속 이채익 행안위원장에게 비슷한 질문을 받았을 때는 이렇게 답했다.

"경찰국이 신설되고 지휘 규칙을 통해 경찰이 행안부 장관 통제에 들어가면 과거 권위주의, 군사정권 때 치안국에 의해 경찰이 통제받을 때 잘못된 박종철, 이한열 열사의 죽음 같은 시민의 인권을 심히 훼손하는 일이 재연될 가능성이 있습니다."

행안위 증인석에 앉아서 내가 했던 말에 대해 그때나 지금이나 나는 '그것은 진실의 목소리였다'고 생각한다. 그날의 영상을 본 동료들이나 후배들은 지금도 내게 말한다. "그건 사이다였다"라고.

자전거 타고
산전수전

말로만 듣던 대기발령 인사명령을 받았다. 사전적 풀이는 '근로자가 잠정적으로 직무를 하지 못하도록 하는 인사명령'이다. 하지만 그때까지 내가 듣고 알기로는 보통 기업에서 능력이 없거나 문제를 일으킨 직원을 법적으로는 해고할 수 없을 때 '알아서 옷 벗고 나가라'는 고용주 측의 제스처였다. 동료 직원들이 일하는 사무실 한편에 책상과 의자를 내어주고 마땅히 하는 일 없이 그곳에 앉아 있으라는 것인데, 여간 강심장이 아니고서는 버텨내기 힘든 상황이었다.

7월 26일부터 나는 울산경찰청으로 출근했다. 경무과 직원들 대다수가 이미 아는 얼굴들이었다. 그들에게는 같은 공간 한구석에 하는 일 없이 앉아 있는 나를 보며 일한다는 것 자체가 불편한 일이었을 것이다. 그래서인지 별도의 사무실을 내

자리로 만들어놓았다. 책상과 의자 그리고 컴퓨터 한 대가 전부였다.

"피할 수 없으면 즐겨라"라는 말이 있다. 나 자신은 결코 잘못을 저지르지 않았다는 입장이었기에 경찰 동료든 시민이든 그 누구에게도 부끄러워하거나 창피하다는 생각을 가질 필요가 없었다. 그래서 결코 우울하거나 슬퍼하는 일 없이 그 상황을 현실 그대로 받아들이면서 주어진 시간을 의미 있게 넘기기로 했다.

울산경찰청은 내가 근무했던 울산중부경찰서 관내에 있었다. 간부급 후배들은 경찰국 신설에 반대하고 나를 지지하는 마음을 갖고 있었지만 윗선의 눈치를 봐야 하는 탓에 마음 편히 공개적으로 찾아오기 곤란한 입장이었다. 하지만 직급이 낮은 직원들은 종종 찾아와 인사를 건네고 점심도 함께 먹었다. 게다가 점심시간이 되면 수시로 지인들이 찾아와 인근 식당에서 함께 밥 먹고 차 한잔 마시는 날들도 많았다. 꿔다 놓은 보릿자루처럼 소외감이나 박탈감에 젖어 괴로워하는 일은 추호도 없었다. 하지만 하루 이틀에 결론 날 일은 아니었기에 나 나름대로 새로운 생활 리듬을 찾아야 했다.

유연 근무를 신청했다. 8시 출근, 5시 퇴근 또는 7시 출근, 4시 퇴근을 번갈아 활용했다. 출퇴근은 자전거를 이용했다. 건강도 챙기고 마음의 여유도 찾겠다는 이런 나의 결정은 나름 신의 한 수였다. 5개월여 동안 이어진 대기발령 기간이 결코 우울하지 않았다.

관사에서 울산청까지 출근할 때는 입화산 외곽도로를 끼고 도는 코스를 택했다. 40여 분이 소요되는 8킬로미터 거리였다. 한여름에는 땀도 좀 흘리며 신선한 아침 공기를 즐겼고, 가을에는 단풍으로 옷을 갈아입는 신비로운 자연의 변화를 맘껏 감상할 수 있었다. 승용차로 출퇴근하던 그 이전과는 그야말로 180도 색다른 즐거움이었다.

퇴근할 때는 출근할 때와는 다른 길로 돌아갔다. 새로운 변화와 시도를 좋아하는 나였기에 당연히 출근 코스와는 전혀 다른 멀리 돌아가는 길을 택했다. 도심을 빠져나가 태화강 국가정원 강변으로 향했고, 자그마치 20킬로미터에 달하는 코스를 1시간 동안 자전거로 달렸다. 태화강 변에는 카페도 있고 곳곳에 쉴 수 있는 벤치도 많으니 마냥 자전거만 탈 일이 아니었다. 카페에서 커피도 한잔 마시면서 목도 축이고 강변의 운치도 즐겼다.

늦여름부터 그해 겨울 12월 12일까지 5개월은 내 인생에서 유의미한 시간이었다. 자연을 즐기는 자전거 출퇴근으로 그간 업무로 지쳐 있던 심신을 달래고, 주말에는 도서관에 가서 관심 있던 철학 서적을 뒤적이는 시간도 가졌으니까. 한시도 긴장을 늦출 수 없는 전문직이자 공직자로서 한길만 정신없이 달려온 그간의 경찰 인생과는 판이한 시간을 보낸 셈이다.

한번은 부산의 오랜 친구에게서 안부 전화가 왔다.

나는 대한민국
경찰입니다

"니 어찌 지내나? 소식은 뉴스로 알았다만. 밥이라도 잘 챙겨 먹고 있는 기가?"

"내 요즘 산전수전을 다 겪고 있다."

"뭐라꼬, 산전수전? 와? 또 뭔 일 생겼나?"

"뭔 일은? 산에서 자전거 타니 산전이고, 강변에서 자전거 타니 수전 아이가? 그러니 산전수전이지 뭐고, 안 맞나?"

그 시간을 돌이켜보면 내 경찰 인생에서 가장 여유를 즐겼던 시간이 아니었나 싶다. 물론 남들에게 드러나지 않은 내 머릿속에 마냥 즐거움만 있었던 것은 아니었지만, 그래도 내게 주어진 불편한 시기를 현명하게 대처하지 않았나 싶다.

그리고
4개월 후 날아든 중징계

12월 13일이었다. 대기발령을 받은 지 무려 4개월 20여 일이 지난 날이었다. '정직(停職) 3개월'의 중징계를 받았다.

공무원 징계처분의 하나인 정직은 신분이나 직위는 그대로 유지하되 일정 기간 해당 업무에서 배제되며 급여도 받지 못한다. 대기발령은 그나마 지정된 사무실에서 대기하는 것이었지만, 정직은 경찰이되 출근조차 허락이 안 되는 징계이니 시쳇말로 무늬만 총경인 셈이었다.

보통의 징계 절차는 먼저 사실관계에 대한 감찰 조사를 실시한 후 경찰청장이 징계 여부를 판단하고 징계 수위를 결정해 징계위원회에 요청한다. 그러면 요청을 받은 징계위원회에서 회의를 거쳐 징계를 결정하는 방식이다.

하지만 2022년 7월 23일 전국경찰서장회의 당시 청장 후보였던 윤희근 경찰청장은 8월 10일 경찰청장으로 임명되었다. 그로서는 대기발령 상태였던 나를 어떻게 해야 할지 꽤 고민스러웠을 듯하다. 정작 본인은 경찰 내부 의견대로 징계하지 않거나 아주 가벼운 징계로 사안을 신속하게 덮어버리고 싶은 생각도 있었을 것이다. 자신도 경찰이므로 경찰 내부의 상황을 살펴 사건이 확대되는 것을 원치 않았을 것이다.

윤 청장은 시민감찰위원회를 동원하는 방법을 택했다. 시민감찰위원회는 경찰 감찰 행정의 공정성과 투명성을 높이기 위한 목적으로 경찰청 훈령에 의해 경찰청과 시도 경찰청에 설치되는 상시 기구다. 사회 이목이 쏠리는 중요 사안에 대해 경찰의 직접 판단이 부담될 때 그 결정을 대신해준다.

나도 부산경찰청 청문감사관으로 징계 업무를 맡은 적이 있었기에 너무나 잘 아는 일종의 편법에 가까운 처리 방안이었다. 경찰청장이 회부하는 사건들은 주로 정치적 부담이 많은 사안이기에 그 부담을 줄이기 위한 자구책이나 다름없었다. 경찰청장 스스로 결정해야 할 징계 여부와 징계요구양정(어떤 종류의 징계를 요구할 것인지)을 시민감찰위원회를 소집해 대신 결정하게 한 것이다. 시민감찰위원회의 권고대로 하면 본인 손에 피 안 묻혀 좋고, 자신이 결정한 사안이 아니므로 조직 내외의 부담에서도 벗어날 수 있는 터였다.

예상했던 대로 나의 사안을 심의한 시민감찰위원회는 경징

계를 권고했다. 하지만 결론은 달랐다. 윤 청장은 시민감찰위
원회 설치 규정에 따라 시민감찰위원회의 권고를 존중해야 함
에도 위원회의 권고를 무시하고 징계위원회에 중징계를 요청
했다. 처음에는 징계를 원치 않던 그가 왜 갑자기 중징계로 돌
아섰을까. 청장도 감히 저항할 수 없을 만큼의 강한 외압이 작
용했을 것이라고 추측했다. 아마도 대통령실 마음에 들지 않
았던 것이 아니었을까 짐작했다. 최선의 묘수라고 생각했던
시민감찰위원회의 권고가 도리어 최악의 수가 된 꼴이다.

결국 그는 시민감찰위원회 심의 안건은 직무명령 불이행이
었고, 언론을 통해 조직의 위상을 침해한 건을 추가했기에 불
가불 중징계를 요구했다는 핑계로 애써 수습하려 했다. 하지
만 나에 대한 징계처분과 관련해 일련의 진행 과정을 지켜본
사람이라면 누구나 잘 알지 않겠는가. 무엇이 진실이고 무엇
이 옳은 것인지를.

중징계가 내려진 그 시기는 한겨울이었다. 몸만 아니라 마
음도 추웠다. 아니 아렸다. 내 살점이 떨어져 나가는 것 같은
아픔에 분노가 더해질 수밖에 없었다. 총경들이 모여서 회의
를 한 일이 이렇게까지 탄압받을 일인가. 나는 곧장 행정소송
에 돌입했다. 정직 3개월의 징계처분에 불복하고, 인사혁신처
소청심사위원회에 소청심사(징계나 면직, 직위 해제 등의 처분
에 관해 취소 및 변경을 요청하는 것) 청구와 동시에 서울행정법
원에 경찰청장 윤희근을 피고로 '징계처분 취소소송'을 제기

했다. 처분의 효력을 정지하게 하는 '징계처분 효력 정지 가처분 신청'도 동시에 청구했다.

법원이 행정법원에서의 결정이나 판결을 하기 위해서는 소청심사위원회의 재결이 필요하다. 따라서 3개월의 정직 기간이 끝나갈 때까지는 행정법원의 공판기일이 잡히지 않았다. 그러다 정직 집행 만료를 사흘 앞둔 2023년 3월 12일 금요일 오후 5시, 법원은 전격적으로 징계의 효력을 정지시키는 효력 정지 가처분 신청을 인용하는 결정을 내렸다.

경찰청에서는 징계 집행이 완료된 시점에서 행정소송을 하게 되면 승소 확률이 높아지므로 소청심사위원회에 제출하는 자료를 최대한 늦게 제출하는 방법으로 적극적으로 시간을 끌었다. 소청심사위원회도 경찰청의 의도대로 정직 3개월이 집행 완료될 때까지 심사 기일을 잡지 않고 시간을 끌어준 것이다.

하지만 행정법원은 끝까지 소청심사 재결을 기다렸다. 그러다가 결국 60일이 지난 시점에서 징계 집행 완료가 형식상 3일 남았고 사실상 법원의 업무가 마감되는 금요일 오후 6시를 1분 남겨둔 3월 10일 금요일 오후 5시 59분에 재결 없이 가처분 결정을 내렸다. 법원이 경찰청과 소청심사위원회의 불순한 의도를 간파하고 정의로운 결정을 내려준 것이다. 감사했다. 한편으로는 대한민국에 정의가 살아 있다고 느꼈다.

그 후 나는 2023년 3월 13일부터 5개월 동안 울산경찰청 치안지도관으로 아무런 업무 없이 지냈다. 그러던 중 7월

27일 단행된 하반기 총경급 전보 인사에서 경찰서장회의 참석 총경들에 대한 2차 보복 인사가 이루어졌다. 나는 이에 항의하는 의미로 사표를 제출했고 8월 11일 사표가 수리됐다. 그러나 내가 제기한 3개월 정직에 대한 효력을 정지시킨 임시처분(가처분)이 결정된 후 진행되었어야 할 징계처분 취소 여부를 다룰 행정소송(본안소송)은 아직도 진행되지 않고 있다.

나는 대한민국
경찰입니다

나는 규탄한다,
보복 인사를

경찰은 이후에도 추가 조치를 단행했다. 경찰서
장회의 꼭 1년이 지난 2023년 7월 23일 총경 344명 전보 인
사에서 류 전 총경은 경남경찰청 112상황팀장으로 옮겨졌
다. 통상 경정이나 갓 승진한 총경급 경찰관이 근무하는 자
리다. 경찰서장회의에 함께 참석한 총경 상당수가 당시 전보
에서 비슷한 형태로 인사 조치됐다.

2023년 8월 17일 자 《일요신문》의 〈'자연인 류삼영' 경찰
향한 직격탄 예고…윤희근 청장에 "국민 눈높이 맞춰라"〉라는
기사 중 일부다.

두 번째 보복 인사였다. 지난 2월 2일 상반기 총경 인사에
이어 하반기 총경 전보 인사에서도 경찰서장회의 참석자들에

대한 인사 보복이 이어진 것이다.

먼저 있었던 2월의 상반기 총경 전보 인사에서 총경 회의 현장 참석자 상당수가 과거 경정급이 맡았던 시·도 경찰청 112상황실이나 경찰 교육기관 등 한직으로 발령이 났다. 당시 나는 행정안전부 경찰국 신설에 반대하며 전국경찰서장회의를 주도했다는 이유로 대기발령에 이어 정직 상태의 징계 집행 중이었다.

당시 나는 동료들에 대한 보복 인사에 분노하지 않을 수 없었다. 2월 6일 오후 서울 서대문구 경찰기념공원에서 기자회견을 열고 지난 2월 2일 단행된 총경급 정기 전보 인사에 대한 견해를 밝혔다. '보복 인사'라는 주장이 과연 나만의 생각이었을까.

당시 경찰서장회의 참석자들에 대한 불합리한 정기 인사를 놓고 여론이 들끓었다. 2월 7일 자 《국민일보》 기사 〈정권에 '반기'든 총경들…"징계보다 악랄한 '인사'에 당했다"〉에는 7일 기준 댓글 529개, 찬반 순 의사 표시 반응이 무려 2,775개로 집계됐다. 그날 포털 '다음'에 올라온 기사 중 가장 많은 댓글을 기록했다.

누리꾼들의 댓글은 정부를 향한 일침 그 자체였다. "인사로 조직을 흔드는 것은 망조이자 망국…누가 조직을 위해 헌신하고 조국을 위해 헌신할까"라는 댓글에는 904명이 찬성을 표했고 "말로만 ○○대는 공정과 상식"과 "언젠가는 다 본인에게 돌아간다"는 댓글은 각각 찬성 618명과 460명을 기록했다. 그런가 하면 "지금 정부 밑에 있는 경찰은 정권을 보호하는 수단으로 전락한 모습이네"와 "○○들이 경찰들을 제 입맛대로 주무르는 세상"이라며 성토한 댓글도 각각 찬성 405명, 370명으로 나타났다.

국민의 반응이 이쯤 되면 경찰청장과 행안부는 자신들이 무엇을 잘못했는지 스스로 뒤돌아볼 줄 알아야 했건만 그들에게 자성은 남의 일이었다. 오히려 또다시 보복의 칼날을 들이댄 것이다. 총경 8년 차인 나를 경남경찰청 112상황팀장으로 발령을 내렸다. 사실상 강등에 가까운 보복 인사였다. 지난 2월 1차 보복 인사에 이어, 이번 인사 또한 2차 보복이라고 확신했고 보복 인사의 배후는 이상민 행안부 장관이 아니라 '더 윗선'이라는 게 나의 판단이었다. 이렇게 공공연하게 보복 인사를 하는 것은 경찰의 중립이 제대로 지켜지지 않는다는 명확한 증거다. 경찰같이 계급 있는 사회에서는 인사권을 쥐고 있는 게 누구인지를 살펴 자기 검열을 통해 그 방향으로 코드를 맞춘다는 것을 익히 알고 있는 터였다.

2023년 7월 31일 오전 10시. 경찰청 길 건너편인 서울 중구 경찰기념공원에서 기자회견을 열었다. 인사 보복에 저항해 사랑하는 경찰 조직을 떠나고자 한다고 밝혔다. 그리고 곧장 경찰청 민원실로 향했다. 사직원을 접수하기 위해서였다.

미련 없이
경찰을 떠나다

35년간 입었던 경찰 정복을 벗는 것은 결코 유쾌하지 않다. 1년 반만 더 있으면 정년퇴직을 하지 않던가. 하지만 나는 전체 경찰의 체면을 세워야 한다고 생각했다. 총경급 전보 인사 당시 내 입으로 "이건 참을 수 없는 모욕"이라고 지적했었다. 그래서인지 동료들은 내가 모욕을 견디며 조직에 머무르는 것 자체가 앞뒤가 안 맞는다고 여겼다. 95퍼센트 이상이 내가 옷을 벗는 것에 찬성했다.

경찰이 돈이 없지, '가오(체면)'가 없나. 미련 없이 경찰직을 떠나기로 결심했다. 나는 사직서에 단순한 작별 인사가 아닌 더 큰 의미를 담고자 했다. 나에 대한 보복 인사는 나 한 사람에 대한 처분에 그친 것이 아닌 경찰을 대하는 정부와 조직의 부당한 실태를 보여준 것이었으니, 이제부터라도 남은 동료들에 대한 인사 보복을 멈추라는 메시지를 담았다.

2023년 7월 31일 경찰 내부망에 '사직의 변'을 올렸다. '그간 감사했습니다. 사랑합니다'라는 제목을 달았다. 그리고 끝에는 "경찰청장 귀하"라고 적었다.

류삼영 총경입니다. 저는 이제 사랑하는 경찰 조직을 떠나고자 합니다. 지난 35년간 국민의 생명과 안전을 보호하는 경찰 조직의 일원으로서 사명감을 가지고, 누구보다 주어진 임무에 최선을 다해왔다고 자부합니다. 그러나, 최근 1년간 일련의 사태로 인해 경찰 중립의 근간이 흔들리는 것을 더 이상 지켜보기 어려워, 감히 14만 경찰의 자존감을 지키기 위해 사직을 결심하게 되었습니다.

경찰청장에게 간곡히 호소합니다.

저의 금번 사직을 끝으로 더 이상 조직 전체를 뒤흔드는 보복 인사를 멈추고, 부당한 외압으로부터 조직을 보호하는 청장 본연의 임무를 다해주시기를 당부드립니다.

동료 경찰관들께 부탁드립니다.

"정권은 유한하고, 국민은 영원하다"는 말을 가슴에 새기고, 국민의 입장에서 주어진 업무에 최선을 다해주시길 바랍니다.

국민들께 바랍니다.

경찰 조직이 권력의 도구가 아니라 오롯이 '국가와 국민을 위한 경찰'로서 긍지를 가지고 신명 나게 일할 수 있도록 경찰 조직을 지켜주시길 바랍니다.

　부디 저의 사직을 통해 경찰 조직이 민주화를 향해 한 발짝 나아가는 계기가 될 수 있기를 염원합니다. 비록 저는 사랑하는 경찰을 떠나지만, 앞으로도 조직과 후배들 곁을 지키며 경찰 역사의 흐름 앞에서 당당하고 부끄럼 없는 선배로서 주어진 역할을 다하고자 합니다.

　위와 같은 사유로 사직서를 제출합니다.

　7월 31일 제출한 사표는 2주가 채 안 되어 처리됐다. 경찰의 감찰, 수사 조회, 검찰의 수사 조회, 감사원 감사 조회를 통해 진행 중인 수사와 감사 문제가 없음을 확인하고 8월 11일 대통령으로부터 의원면직 발령을 받았다. 이로써 35년간의 경찰 생활을 마감했다.

　만일 사표를 제출하지 않고 1년 반을 더 근무했다면 1억 5,000만 원 이상의 급여를 더 받았겠지만 손톱만큼도 아깝거나 억울하지 않았다. 나의 사표 제출은 윤석열 정권의 불법·부당함에 대한 경찰 전체를 비롯한 국민적 저항이었으며, 경찰 조직의 자존감을 살리려는 노력이었으니까. 비록 경제적인 손실이 조금 있다고 하더라도 내 삶에서 그건 전혀 문제가 되지 않을 터이다. 나는 공무원의 신분에서 급여를 받는 대가로 하고 싶은 말, 해야 할 말을 못 하는 구속에서 벗어나 자유인으로서 언제 어디서든 누구에게나 무슨 말이든 할 수 있는 '자유'가 더 소중하다고 느꼈다.

나는 구질구질한 것도 싫지만 그렇다고 '폼생폼사'도 좋아하지 않는다. 단지 "이제부터 나는 자유다!"라고 외치던 그날, 1년여 전 전국경찰서장회의 소집을 앞두고 있던 시점에서 아내가 했던 말이 떠올랐다.

"하고 싶은 말도 못 하는 것은 부당한 거죠. 당신 뜻대로 해요. 단, 연금 손실 없는 선에서 하세요."

불의에 저항하고 퇴직한 후 그나마 밥은 굶지 않게 됐고 나에게는 자유를 선물했다. 이것이야말로 후회하지 않을 선택이 아니었나 싶다. 의원면직 발령이 있던 그날 이형기 시인의 시 〈낙화(落花)〉가 내 머릿속을 휘감았다.

가야 할 때가 언제인가를
분명히 알고 가는 이의
뒷모습은 얼마나 아름다운가.

지난 여름, 가을
그리고 지금

"니 여행이나 갔다 온나. 부지런 떨던 사람이 일 없이 놀면 우울증 생긴다 안 하나?"

"어머! 세상에 저이가 요즘은 설거지를 다 해요. 자기가 먹은 밥그릇, 국그릇을 수세미로 뽀득뽀득 얼마나 잘 닦는지 몰라요. 나이 들면 변한다더니…."

친구들은 여행을 권유하고, 아내는 친척이나 지인을 만날 때마다 내가 결혼하고 28년간 한 번도 하지 않았던 설거지를 알아서 한다고 자랑처럼 말하곤 한다. 진심으로 걱정해주는 친구들이 있고, 가족 중 누구 한 사람 내가 무위도식한다고 잔소리하거나 눈치 주는 이도 없다. 그러니 지금의 나로 말할 것 같으면 '나는 자유다'.

경찰복을 벗은 지 어느새 4개월이 조금 더 흘렀다. 그 사이 지리하게 느껴졌던 여름이 가고 가을이 오더니 그 계절마저도 시나브로 자취를 감추고 어느새 겨울이다. 혹자는 자발적으로 앞당긴 퇴직으로 마음고생을 하지 않을까 걱정도 하겠지만 사실 나는 마음속으로 '오늘만 같아라'라는 말을 자주 떠올린다. 지금 나는 온전하게 자유를 느끼면서 즐기고 있으니까.

무엇보다도 시간이 여유롭다. 수십 년 동안 얼굴도 내비치지 않았던 초등학교 동문회나 고등학교 동창 모임에도 참석하고 누구든지 약속이 잡히면 먼저 상대 입장까지 배려하면서 얼굴을 본다. 때로는 약속 시간이 지나도 한 시간 이상씩을 기다려주기도 하고 먼 거리일지라도 내가 먼저 달려가는 사람이 됐다. 마땅히 할 일이 없어서가 아니다. 사람 좋아하고 매사에 적극적이면서 뒷일을 자로 재지 않는 성격은 사실 나란 사람의 타고난 기질이다. 그러니 친구나 지인은 물론이고 그간 이방인처럼 느껴졌던 다양한 분야의 전문가들도 만나고 문학과 예술계에 종사하는 이들도 만난다. 이런 만남을 통해 나는 그간 보지 못했던 새로운 세상을 경이롭게 체험하고 있다.

퇴직 후 사람을 만나는 일 못지않게 신체 건강, 마음 건강을 동시에 지켜주는 것은 생활 스포츠다. 수영도 하고 자전거도 탔지만 요즘 꾸준히 하는 것은 탁구다. 예전에도 어쩌다 기회가 될 때 종종 탁구장을 찾았지만, 지금은 본격적으로 레슨을 받고 있다. 탁구가 나를 사로잡은 매력은 무엇보다도 집중력이다. 작은 공 하나에 정신과 육체가 동시에 움직인다. 행여라도 내 마음속에 남아 있을지 모를 세상을 향한 아쉬움이나 미련, 불만이나 분노를 일찌감치 떨쳐내는 데 큰 몫을 해내고 있음이 분명하다. 게다가 이젠 시니어로서 노화를 조금이라도 늦추려면 꾸준한 운동은 필수이니 어쩌면 복 받은 시간이 아니겠는가.

자유인이 된 후로 나 스스로 최고의 힐링이자 가장 행복한 시간이라고 인정하는 일은 다름 아닌 책과 함께하는 시간이다. 하루가 멀다 하고 도서관과 독서실을 찾는다. 40여 년 전 서울대 철학과에 가겠다고 원서를 써서 서울에 갔다가 면접 하루 전 외삼촌의 만류로 경찰대학에 갈 수밖에 없었다. 그때 내가 경찰의 길을 걷지 않았더라면 십중팔구 철학의 길을 택했을 것이다. 철학은 이미 10대 후반부터 동경하던 학문이었다. 요즘은 특히 불교 철학에 심취해가는 중이다. 불교 관련 서적을 읽는 순간에는 정신이 한없이 맑아지고 마음은 차분하게 가라앉으면서 나 자신에게 인간의 참된 삶의 길은 무엇인지 끝없이 물음표를 던지게 된다. 도서관 서고에 꽂혀 있는 색바랜 책들을 꺼낼 때마다 코끝으로 느껴지는 형언하기 어려운 그 책 냄새 또한 내 발길을 그곳에 잡아두는 매력 중의 매력이다.

이 얼마나 행복한 시간이란 말인가. 사직서를 낼 때 '경찰 중립의 근간이 흔들리는 것을 더는 지켜보기 어려워 감히 14만 경찰의 자존감을 지키기 위해 사직을 결심하게 됐다'는 솔직한 심정을 전했다. 그런데 한편으로는 사직이야말로 나에게 '자유'라는 가장 큰 선물을 준 것이 아닐까. 지난 40년 동안의 경찰 인생은 내가 누려야 할 자유를 스스로 구속하며 살아온 시간이었다. 그러고 보면 행운은 기회를 잡는 사람의 몫이지만 행복은 찾으려고 노력하는 사람에게만 주어진다는 말이 맞다는 생각이 든다.

낙엽이 곱게 물들던 10월의 어느 날 후배에게서 전화가 왔다. 한나절 도서관에 있다가 밥을 사 먹고 지금 독서실에 와 있다고 했더니 의아해했다. "선배님, 그 나이에 뭔 공부를 합니까? 자격증 따서 취직할라고요?"라는 질문에 "나는 내가 생각하는 대로 표현하고 행동한다. 그래서 나는 지금 우리 경찰 역사의 한 페이지를 남기고자 지난 1년의 일들을 정리하는 중이다"라는 답을 할까 말까 망설이다 그저 웃고 말았다.

국민 여러분!
정말 감사했습니다

  2022년 7월 23일부터 올해 7월 31일까지 대기
발령 4개월, 정직 3개월, 치안지도관 5개월로 이어진 1년의
시간은 경찰 업무에서 배제된 채 무위도식하던, 나름 혼돈과
고난 그리고 인내의 시절이었다. 낙천주의 성향이라서 현실을
회피하려 하거나 원망과 불만의 탑을 쌓기보다는 정면으로 부
딪치며 적응하고 그 가운데서 돌파구를 찾으려는 의지를 불태
웠던 시간이었다.

  나는 타고난 기질이 외향적인 사람이다. 그러니 그 시절 늘
웃는 얼굴로 사람들을 대하긴 했다. 하지만 고백하건대 당시
내면은 참으로 지난했다. 빛이 보이지 않는 터널 속을 걸어가
는 58세 나이의 가장이 삶의 무게감을 전혀 느끼지 않았다면
그건 거짓말 아니겠는가. 다만 그 시기를 잘 이겨낼 수 있었던

힘의 7할은 다름 아닌 국민의 응원이었다. 평범한 소시민들의 따뜻한 격려와 응원의 목소리가 없었다면, 퇴직 후 자연인으로 돌아온 지금 내 마음이 그리 유쾌하진 않았을 것이다.

과분하다고 느껴질 만큼 많은 응원을 받았다. SNS에서는 일일이 열거할 수 없을 정도였다. 내가 결정하고 행한 일에 대해 불특정 다수의 국민에게 격려와 위안, 응원을 받았다. 그것은 내가 좌절하거나 상심하지 않고 잘 견뎌낼 수 있는 용기와 희망으로 이어졌다. 여전히 그 시절의 아름답고 소중한 추억을 선물해준 고마운 얼굴들이 내 기억의 한편에서 미소 짓고 있다.

"손님! 이미 계산됐습니다. 그냥 가셔도 됩니다."
"네? 저는 아직 계산하지 않았는데요."
"조금 전 저 테이블에 앉아 있던 손님이 대신 하고 가셨습니다."

대기발령 시절 어느 휴일, 부산의 닭칼국수 식당에서 점심을 먹었을 때였다. 단 한 번도 만난 적이 없었던 60대 초반의 한 남성이 소리 없이 내 식대를 계산하고 나갔다. 경찰 생활을 하는 동안 모르는 시민에게 차 한 잔, 밥 한 끼도 대접받으면 안 된다는 자세로 일해왔던 나였기에, 생각지도 못했던 호의에 그저 감동이 몰려올 뿐이었다.

2022년 7월 23일 이후로 지난 1년간 국민 여러분의 응원은 그저 놀라울 따름이었다. 하루는 울산의 커피점에서 커피를 마시고 있는데 창 너머 거리에서 나를 보고 '류삼영 총경'임을 알아차린 50대 여성이 점포 안으로 들어왔다. 내가 앉은 테이블로 다가오더니 대뜸 "총경님 지지합니다"라고 말한 후 웃으며 나갔다. KTX 기차 안에서도 응원은 이어졌다. 한 청년 남성이 내 앞으로 급하게 다가오더니 "지지합니다"라는 말과 함께 인사를 했다.

서울에서도 나의 뜻을 지지하는 시민의 응원이 있었다. 아이스크림 카페에 앉아 딸을 기다리고 있을 때였다. 40대 여성이 창밖에서 나를 보더니 마치 반가운 지인을 보기라도 한 듯 웃는 얼굴로 들어와 작은 케이크 모양 과자를 선물로 내밀며 응원과 덕담을 건넸다.

60년을 살면서 사복 차림으로 거리를 돌아다니다 이처럼 여러 시민의 호의와 응원을 받아본 적은 없었다. 나는 연예인도 아니고 유명 인사도 아니다. 게다가 나라를 구한 영웅도 아니거늘, 나의 뜻과 경찰의 입장을 지지해주는 사람들이 많다는 것은 감동을 뛰어넘어 미래의 희망으로 이어졌다. 시대정신에 대한 어떤 책임감까지 느끼게 해주는 일이었다. 시민의 관심과 사랑이 함께했던 시간이었기에 편한 마음으로, 또 당당하게 퇴임할 수 있었던 게 아닌가 싶다.

물론 모든 국민에게 박수를 받았다고 생각하진 않는다. 경찰국 신설에 반대하는 경찰이나 시민들과는 다른 입장의 국민도 있기 마련이다. 우리는 모두 얼굴이 서로 다른 것처럼 어떤 상황을 바라보는 시각은 물론이고 가치관이나 추구하는 이념 또한 다르지 않던가. 실제로 퇴임 후 적잖게 당황스럽고 난감한 상황도 있었다. 한동안 수영장을 다녔는데 하루는 70세쯤 되어 보이는 어르신이 다가오더니 대뜸 물었다.

"류삼영 총경 맞지요?"
"네. 그렇습니다."
"그러면 안 되는 거예요."
"…."

그분은 경찰국 신설에 저항한 나의 자세가 잘못되었다는 듯 꾸짖었다. 사실 그 공간은 탈의실이었다. 수영장에서는 수영모와 물안경을 쓰고 있으니 알아볼 수가 없었을 터였다. 수영모를 벗으니 유독 눈에 드러나는 곱슬곱슬한 내 헤어스타일을 보고 한눈에 알아차린 것 같았다. 하필이면 탈의실에서, 게다가 나이가 위인 시민에게 질타를 받았으니 대략 난감 그 자체였다. 어쩌겠는가. 그분은 한 명의 시민이자 어르신이었다. 나는 아무 말도 할 수 없었다.

즐거웠던 기억은 아니지만 그렇다고 해서 낭패스러웠던 일로 기억하고 싶진 않다. 얼마든지 그럴 수도 있는 일 아니겠는

가. 다만 나는 국민에게 질타나 비난보다는 지지와 응원을 더 많이 받은 게 분명했다. 그래서 다시 한번 이 책을 통해 감사의 말씀을 전하고 싶다.

"국민 여러분! 정말 감사했습니다. 꼭 기억하겠습니다. 그리고 여러분의 격려와 응원에 보답할 수 있는 인생 2막을 걸어가겠습니다."

나는 대한민국
경찰입니다

2장

검찰 공화국의
부끄러운 민낯

정치적 계산으로 만든
'독항아리'

　　다시 지난해 여름, 그 뜨겁던 날들로 돌아가본다. 이상민 행정안전부 장관은 취임과 동시에 경찰제도개선자문위원회를 구성하고 권고안을 명분으로 행안부 내 경찰국 신설을 졸속으로 강행했다. 왜 그랬을까.

　　이상민 장관은 판사 출신이다. 변호사와 법학전문대학원 강사 경력을 갖고 있지만 그는 실전에서 행정을 경험하지도 않았고 더군다나 경찰행정에 관해서는 문외한에 가까운 사람이다. 그런 그가 행안부 장관으로 지명되었고 2022년 5월 13일 취임 첫날 행안부 간부들에게 "경찰에 대한 민주적 통제 방안을 마련하라"고 지시했다.

　　역대 행안부 장관은 경찰 업무를 자신의 업무로 생각하지 않았던 걸로 안다. 행정을 모르고 경찰도 모르는 장관이 업무

시작도 전에 경찰 제도를 바꾸겠다는 말을 어떻게 할 수 있었을까. 추측건대 이는 이상민 장관 본인의 생각은 아니었을 것이다. 그에게 힘을 행사한 누군가가 있었을 것이다. 하물며 장관은 어마어마한 권력을 가진 자리다. 그런 그에게 힘을 행사한 이는 누구일까. 이쯤 되면 정치에 관심 없는 국민도 느낌이 올 것이다. 공교롭게도 그는 윤석열 대통령의 후배로 고등학교와 대학교 전공이 같다.

퇴직 후 시간이 많아지면서 뉴스 검색을 즐기는 습관이 생겼다. 어느 날 그야말로 무릎을 치면서 '아! 제대로 맞아떨어졌다'라며 공감했던 적이 있다. 남의 앞날을 어찌 이리도 훤하게 내다보고 있을까 싶었다.

2021년 11월 12일 《주간현대》에 실린 언론인 김종구가 쓴 세상 비평 '새벽에 문득' 칼럼에 실린 〈검찰이 각본·연출·배우…이 정치 드라마 결말 어떻게 될까?〉라는 글이 그랬다. 그중 몇 줄을 옮겨보자.

검찰이 각본부터 연출, 주연 배우까지 독차지한 이 정치 드라마의 결말은 어떻게 될까…검찰이 정치 한복판에 뛰어들면서 촉발된 극심한 혼란과 갈등, 대립은 드라마의 어떤 결말로도 쉽게 봉합되기 어렵다. 그 파장은 우리 앞날에 길고도 짙은 그림자를 드리울 것이다. 특히 '검찰 정치'가 성공으로 마무리될 경우 '검찰의, 검찰에 의한, 검찰을 위한 정치'가

확실하게 완성된다.

필자의 노련한 글솜씨 못지않게 그의 예측이 정확하게 맞아떨어졌다는 것을 실감했다. 윤 정부가 출범하기 6개월 전에 쓴 칼럼이었다.

맞다. 경찰국 설치는 검찰 독재를 위한 첫걸음이었다. 사전에 정치적 계산이 없었다면 굳이 할 필요가 없었던 일이었다. 경찰국 설치로 경찰의 인사권을 장악하고 이를 통해 경찰을 권력의 하수인으로, 경찰을 검찰 독재의 도구로 활용하겠다는 의도를 드러낸 것이 아닌가. 물론 이 계획은 첫발을 떼자마자 '전국경찰서장회의'라는 의도하지 않은 벽을 만나기도 했다.

그러니 그들의 입에서는 '감히 경찰서장회의라니!'라는 말이 자연스럽게 나왔을 것이다. 그들이 아는 경찰은 권력이 시키면 시키는 대로 맹목적으로 충성하는 영혼이 없는 존재였다. 그런데 경찰서장들이 항명의 싹을 보인 것이다. 이는 그들의 시나리오에는 없었던 일이다. 이에 윤석열 대통령은 격노했고, 이상민 장관은 '쿠데타'란 용어까지 들먹이며 극적으로 몰고 갔다. 그리고 형사처벌까지 운운하며 대통령의 분노를 충실히 따랐다.

쿠데타는 한국 현대사의 가장 암울한 시기에 일어났던 일이다. 많은 세월이 지나고 또 민주화가 실현되면서 우리 사회,

우리 국민에게는 잊힌 용도 폐기된 단어다. 쿠데타란 말을 우리는 이제 국제 뉴스에서만 가끔 접할 뿐이다. 아프리카 사헬 지역, 수단에서 기니까지 이어진 아프리카 쿠데타 벨트에서나 살아 있는 단어다. 그 잊힌 단어가 왜 21세기를 사는 오늘의 대한민국에 소환되어 나왔는가.

말은 생각에서 나오는 것이다. 그들의 머릿속에는 여전히 쿠데타가 살아 있었던 모양이다. 현행 헌법 질서에서는 그들이 원하는 검찰 독재를 완성할 수 없음을 누구보다 잘 알았던 것 같다. 헌법을 정지시키고 국회의 입법권을 무시하는 방법으로 검찰 독재를 완성하는 '친위 쿠데타'를 염두에 두고 있었는지도 모른다. 그러다 경찰서장회의를 보고 놀라서 그만 쿠데타란 말이 머릿속에서 바깥으로 나와버린 듯하다.

그들이 검찰 쿠데타를 염두에 두고 있지 않았다면, 경찰을 비난하더라도 다른 말로 표현했을 것이다. 심리학이나 인간을 연구한 여러 학문적 이론에 따르면 사람의 말이라는 것은 혹 실수라고 하더라도 생각 밖의 말은 나오지 않는다. 오히려 상황이 급박하고 심리적 충격이 있을 때 더욱 솔직한 자기 생각과 말이 나온다. 심리학자들이나 의사들은 이렇게 숨겨진 마음이나 무의식을 보고 환자의 상태를 진단하고 치료한다.

'영원한 것은 없다'는 진리처럼 확신한다. 철저한 계산속에 만들어진 검찰 공화국의 독항아리도 언젠가는 깨져버릴 수밖

에 없다는 것을. 아니 오래 갈 수 없다는 것을. 이쯤에서 우리
선조들이 자주 사용하던 제법 그럴듯한 말이 떠오른다.

화무십일홍(花無十日紅).

'검수원복'을 향한
밑그림

지금 시점에서 보면 문재인 정부가 검찰개혁의 일환으로 검찰의 과도한 권력을 제한하고자 노력한 '검수완박(검찰 수사권 완전 박탈)'이 다시 원점으로 돌아가고 있는 게 아닌가 싶은 느낌을 지울 수가 없다. 윤석열 정부가 들어선 후의 여러 면면을 지켜보면 다시 검찰 권력을 회복하겠다는 '검수원복(검찰 수사권 원상회복)'으로 향하고 있다는 게 여실히 드러나고 있기 때문이다.

경찰의 저항을 짓밟고 기어코 경찰국을 신설한 것도 모자라서 좀처럼 이해가 안 되는 검사 출신 인사를 국가수사본부장에 임명한 일이 그랬다. 국가수사본부는 지난 2020년 12월 9일 경찰법이 '국가경찰과 자치경찰의 조직 및 운영에 관한 법률'로 전부 개정되고 2021년 1월 1일 시행되면서 발족했다.

수사경찰을 총괄하는 경찰청 산하의 독립 부서로, 검사의 수사지휘권 폐지로 1차 수사 종결권이 경찰로 이관되면서 경찰 업무를 수사경찰과 국가경찰 및 자치경찰로 분리하고 경찰 수사의 독립성과 수사 역량을 높이기 위한 목적으로 설치됐다.

지난 2월 좀처럼 이해가 안 되는 일이 벌어졌다. 윤석열 정부는 전국 경찰의 수사를 지휘하는 제2대 국가수사본부장 자리에 검찰 출신의 정순신 변호사를 임명하고자 했다. 경찰의 수사를 검찰 출신이 지휘하는 것은 검찰이 수사권을 장악하겠다는 것과 다를 게 없다. 그 의도가 너무나 선명했다. 당시 경찰 안팎에서는 '검찰의 수족이 됐다'는 우려가 터져 나왔다. 하지만 2023년 2월 25일 취임을 하루 앞두고 아들의 학교 폭력 사건이 언론에 대대적으로 보도되면서 사의를 표명했고, 이후 임명이 취소되었다.

윤석열 정부가 들어선 이후 나타난 이 같은 일들은 경찰 인사권에 이어 수사권까지 장악하려는 그들의 야심과 욕망을 가히 짐작하게 한다. 경찰국 신설로 경찰 인사권을 장악한 데 이어 국가수사본부의 수장을 검찰 출신으로 앉혀 옛 영화를 되찾겠다는 강렬한 의지가 한눈에 읽히는 일이었다. 전부 검수원복을 위한 밑그림이었던 것이다.

최근 1년 반 동안 검수완박을 통해 검찰의 수사권이 축소되고 경찰의 수사권이 보장되었다. 한동안 수사에 관해서는 경찰의 권한이 절대적이었다. 지난 정부에서는 검찰의 수사 개시권을 축소하는 개정 검찰청법과 개정 형사소송법 일명 '검수완박법'이 생겨났다. 수사권 조정 논의 과정에서 검찰과 경찰, 여야의 합의로 검찰청법과 형사소송법을 개정했다. 개정 검찰청법은 검찰의 직접 수사 범위를 6대 범죄 중 부패 범죄와 경제 범죄 2개로 줄이는 것이 핵심이었고, 개정 형사소송법은 검찰이 경찰 송치 사건에 대해 '동일성이 인정되는 범위 내에서'만 보완 수사가 가능하도록 했다.

2022년 4월 30일엔 검찰청법 개정안이, 5월 3일엔 형사소송법 개정안이 각각 국회 본회의를 통과해 같은 해 9월 10일부터 시행됐다. 이를 통해 경찰이 1차적 수사의 주체로서 그 위상을 정립했고, 검사는 기소를 전담하며 기소에 필요한 범위 내의 한정적인 수사만을 하게 된 것이다. 이 법은 지금의 집권 여당은 물론 검찰도 합의했던 바다.

그럼에도 불구하고 법무부는 보완 수사에 대한 경찰 전담 원칙을 폐지하는 내용 등을 골자로 한 부패 범죄와 경제 범죄로 축소된 검찰의 직접 수사 범위를 확대하는 내용의 '검사의 수사 개시 범죄에 관한 규정'(대통령령: 2022년 9월 7일 국무회의 의결) 개정안을 9월 10일부터 시행에 들어갔다. 또 '검사와 사법 경찰관의 상호 협력과 일반적 수사 준칙에 관한 규정'(대통령령: 2023년 10월 10일 국무회의 의결) 개정안은 2023년 11월 1일부터 시행했다.

이 두 개의 개정안은 검찰 수사권을 제한한 검찰청법과 형

나는 대한민국
경찰입니다

사소송법 무력화에 그 목적이 있다. 지금까지 검찰은 수사권에 의지해 국정을 좌지우지했고, 사회적으로도 과도한 영향력을 행사했다. 하지만 검수완박으로 그들이 특권이라 여겼던 수사권이 제한되고, 한 수 아래라고 여겼던 경찰이 수사 종결권을 가져가면서 명실상부한 수사의 주체가 된 것을 참을 수 없었던 모양이다.

검사 출신 대통령이 취임하자마자 가장 먼저 의지를 드러낸 것이 검찰의 수사권 회복이었다. 수사권은 국회 입법으로 검찰청법과 형사소송법을 개정해 조정해야 한다. 그러나 국회는 야당이 과반수를 차지하고 있으므로 입법을 통한 검찰의 수사권 회복은 대통령이라도 불가능하다. 그래서 대통령령을 개정해 경찰의 수사 종결권을 무시하고 검사의 수사 범위를 확장하고자 하는 것이다. 몇십 년 동안의 노력으로 이뤄낸 입법이 대통령령으로 무력화되었다.

이것이야말로 쿠데타다. 헌법 질서로는 뜻을 이룰 수 없는 일을 대통령령을 개정해 헌법과 법률을 무력화시켰으니 말이다. 헌법은 법률 우선의 원칙을 천명하고 있다. 대통령령, 총리령, 부령과 같은 행정명령은 법률이 유보한 범위 내에서, 혹은 법률을 시행하기 위해 제정되어야 한다. 법률에 위배되는 대통령령은 효력이 없다. 그러니 이것이야말로 쿠데타가 분명하다.

검찰 공화국은
현재 진행형

　　언제부터인가 '검찰 공화국'이라는 용어가 마치 유행어처럼 떠돌고 있다. 매스컴의 기사에서도, 인터넷 블로그에서도, 일반 시민의 대화 속에서도 자주 등장하고 있다. 마치 아주 오래전부터 사용되어오던 언어처럼 귀에 익숙해지고 있다.

　지난해 5월 윤석열 대통령이 취임하면서 검찰 공화국이라는 말이 등장하기 시작했다. 그렇다면 검찰 공화국은 왜 유행어처럼 번진 걸까. 2023년 2월 28일 참여연대 행정감시센터가 발간한 인사 정책 자료 〈윤석열 정부 주요 인사 검찰 출신 현황 팩트 시트 2〉는 그 이유를 단적으로 설명해준다. '검찰 출신 일색의 인사, 추천과 검증까지 완벽 장악, 국정원과 경찰, 인권위, 민주평통까지 검찰 출신 인사 진출'이라는 부제가 달린 이 자료에는 이런 내용이 실렸다.

지난해 검찰총장 출신인 윤석열 대통령이 당선되었을 때부터 시민들이 가져온 '검찰 편중 인사' 우려가 현실이 되었습니다. 우선 고위공직자의 인사 추천과 검증 업무를 맡은 대통령실의 인사기획관, 인사비서관, 공직기강비서관까지 전직 검사나 검찰 출신 인사들이 맡고 있습니다. 법무부(한동훈 장관)에 검사 출신으로 채운 인사정보관리단까지 만들면서 사실상 윤 정부 인사의 추천, 검증, 임명까지 검찰 출신들이 완벽하게 장악했습니다. 상황이 이러니 검찰 출신인 정순신 국가수사본부장 인사 검증의 실패는 예견된 결과라 해도 지나치지 않습니다.

사실이었다. 검찰총장 출신 대통령은 취임과 함께 검찰 출신 인사들을 요직에 끌어들이기 시작했다. 장관급엔 권영세 통일부 장관, 한동훈 법무부 장관, 원희룡 국토교통부 장관, 박민식 국가보훈처장 차관급에는 박성근 국무총리 비서실장, 이노공 법무부 차관, 이완규 법제처장, 이복현 금융감독원장, 김남우 국가정보원 기획조정실장, 정승윤 국민권익위원회 부위원장, 김용원 국가인권위원회 상임위원, 석동현 민주평화통일자문회의 사무처장 등 장차관급 인사 12명의 공통점은 모두 검사 출신이라는 것이다.

이뿐만이 아니다. 대통령실도 검찰 출신 인사들로 채워졌다. 인사기획관에 전 대검찰청 사무국장 복두규, 인사비서관은 전 대검찰청 검찰연구관 이원모, 공직기강비서관은 전 서울중앙지검 공안1부 검사 이시원, 총무비서관은 전 대검찰청 운영지원과장 윤재순, 법률비서관은 전 서울동부지검 형사6부장 주진우, 부속실장은 전 서울중앙지검 수사지원과장 강의구 등 대통령실 요직을 검찰 출신들이 다 꿰찼다.

예로부터 '인사만사(人事萬事)'라고 했다. 인사가 곧 모든 일인 만큼 알맞은 인재를 알맞은 자리에 써야 모든 일이 잘 풀린다고 하지 않았던가. 하지만 현 정권의 인사는 친정 식구 데려오기에 혈안이 되어 있다는 인상이 역력하다. 그러니 오죽하면 정치에 관심이 없는 이들까지도 정부가 검사 천국이 되어가고 있다고 한숨을 내쉬겠는가. 어느 정권이든 대통령이나 집권당과 관계 있는 이들을 끌어들이는 것은 흔한 일이다. 그러나 정부를 이끌어나가야 할 각 부처의 요직에만큼은 해당 분야 전문가들이 앉아야 함에도 인사가 검찰로만 채워졌다는 건 큰 문제다.

더 심각한 문제는 '검찰권 남용'이다. 지난 1년간 검찰 기소 관련 뉴스의 단골 주인공이 된 이재명 더불어민주당 대표를 거론하지 않더라도, 올 하반기 '가짜뉴스를 손보겠다'는 명분으로 방송통신위원회와 방송통신심의위 등 국가기관은 물론 언론사와 언론인까지 수사선상에 올려놓는 면면은 가히 심각

나는 대한민국
경찰입니다

하다.

이에 우려를 표하는 언론학계에서는 대통령이 후보였던 시절의 보도를 문제 삼아 기자 개인의 집까지 압수수색하는 것은 검찰권의 남용이라고 볼 수밖에 없다고 말한다. 언론 본연의 업무를 수사 대상으로 삼는 순간 언론 자유가 크게 위축될 수밖에 없다. 10월 26일 MBC〈뉴스데스크〉보도에 따르면 지금까지 '대선 개입 여론 조작 사건' 특별수사팀의 수사 대상이 된 언론사는 모두 5곳, 현직 기자는 모두 6명으로 늘었다고 한다.

이쯤 되니 일찌감치 조선 시대 영조와 정조가 당쟁의 폐해를 없애기 위해 인재를 고르게 등용해 당파 간 정치 세력의 균형을 꾀하던 탕평책(蕩平策)의 중요성과 필요성이 새삼 와닿는다.

무엇이
달라졌을까

정부가 어떤 조직의 변화를 위해 개혁을 추진할 때는 그만한 타당성이 기초가 되어야 한다. 혁신을 통한 구체적인 결과, 즉 범국가 차원에서 또 해당 조직의 입장에서 어떤 이익이나 장점을 기대할 수 있어야 한다. 행안부 내 경찰국이 신설된 지 1년 3개월이 지났다. 그렇다면 국가적으로는 어떤 성과가 있었고, 경찰과 국민에게는 각각 어떤 효과가 나타났을까.

먼저 치안이 불안해졌다. 온 국민이 공감하는 사실이다. 분당 흉기 난동, 서울 강남 흉기 난동, 지하철 흉기 난동 등 연이어 발생하는 흉악한 사건들로 국민이 불안해하고 있다. 한국은 세계적인 여행잡지 《론리 플래닛》에 여행하기 가장 안전한 나라로 소개될 정도로 치안이 안정적이었다. 그랬던 나라

나는 대한민국
경찰입니다

가 갑자기 왜 이렇게 불안하게 되었을까.

여러 원인이 있겠지만 한마디로 말하고 싶다. '가장 큰 이유는 경찰의 안정이 흔들려서다'라고. 지난 30여 년, 경찰은 오로지 국민만 바라보고 또 국민의 안전을 위해 존재해왔다. 그동안 축적된 인사 시스템과 치안 노하우도 국민의 평안한 일상과 국가의 안전 이미지 보장에 집중되었다. 이런 경찰을 윤석열 정부와 그 하수인 이상민 행안부 장관이 흔들고 있다. 현 정부는 국민의 경찰을 잘못된 인사로 흔들어놓고 감찰로 겁을 주고 있다. 이는 경찰을 자신들의 손아귀에 넣기 위함이며, 손에 쥔 경찰을 그들의 뜻대로 움직이기 위함이다.

치안 경험이 전혀 없는 정치인은 경찰 업무를 단순 업무 정도로만 생각한다. 심지어 지금 정부는 경찰 업무를 누구나 다 할 수 있는 일로 여기는 것 같다. 그래서 누구든지 앉혀만 놓으면 된다고 생각한 나머지 경찰 인사를 자신들 뜻대로 좌지우지하고 있다. 하지만 경찰 업무는 그렇게 만만하지 않다. 무식하면 용감하다고 했던가. 언젠가 방송에서 한 개그맨이 "무식한 자가 신념을 가지면 그것만큼 무서운 일은 없다"고 했다. 이 말이 얼마나 정확한지 요즘 현실을 보며 수긍했다.

경찰 경력 35년인 나의 시각에서 오늘의 경찰 현실을 들여다보면 참으로 걱정스럽기만 하다. 경찰국 신설 이전까지 경찰의 현장 업무는 국민의 안전을 최우선으로 두고 국민의 신뢰를 얻기 위해 노력을 기울였다. 하지만 지금은 경찰의 업무가 국민이 아닌 정권에 쏠리고 있다. 이유는 분명하다. 치안 경험이 전혀 없는 용산의 대통령실이나 행정안전부 장관이 경찰 인사를 장기판 말 옮기듯 하고 있기 때문이다. 요직에 사람을 중용할 때는 치안 능력과 실적을 바탕으로 하고, 승진도 그렇게 해야 하는 게 옳다. 하지만 현 정권은 자신들에게 충성하는 인사들만 초고속으로 승진시키고 있다. 상황이 이쯤 되니 경찰의 안정이 흔들리고 있는 것 아니겠는가.

일부 경찰 고위직 중엔 어쩔 수 없는 현실에서 이미 정권과 타협한 이들도 있다. 장관 면담으로 승진을 보장받아 그들과 결탁했다고 봐야 한다. 그들의 눈과 관심은 국민의 안녕보다 정권의 심기 파악에 몰입되어 있다. 경찰도 사람이다. 국민보다 권력을 바라보는 이들이 늘어나는 것은 어쩌면 당연하다고 할 수도 있겠다. 아직은 정권에 머리 조아리는 고위직들이 소수에 불과하다고 보지만 지금 이런 현실을 지켜보는 나로서는 가슴 아프고 부끄러울 따름이다. 경찰이 치안을 버려두고 잘못된 인사 시그널에만 집중하면 경찰 조직이 흔들리는 건 당연하다. 그런 경찰은 국민을 지킬 수 없다. 경찰을 이런 방식으로 계속 운용한다면 앞으로 더 큰 일이 일어난다 해도 전혀 이상하지 않다. 범죄에 대한 통제가 느슨해지고, 결과적으로 유례없는 흉악 범죄가 연이어 발생할 것이다.

현 정부는 경찰을 장악해 중요한 가치인 '정치적 중립'을 훼손하고 경찰을 정권의 도구로 활용하려 한다. 경찰의 가치가 훼손되고 경찰의 기능이 잘못 작동되고 있다. 경찰은 더 이상 범죄 제압에 유능하지 않다. 정치적 편향이 없다는 믿음조차 사라져 그 위신도 땅에 떨어졌다. 범죄자가 경찰을 무서워하지 않고, 시민이 경찰을 불신하기 시작하면 공권력은 금세 무너진다. 우리는 역사를 통해 배웠다. 공권력이라는 것은 무너지는 건 한순간이지만 다시 세우는 일은 너무도 힘이 들고 오래 걸린다는 사실을.

그렇다면 책임은 누구에게 있는가. 지금 정권을 탓하기 전에 모두가 다 내 책임이고 경찰의 책임이라 생각하고 싶다. 경찰을 장악해서 도구로 쓰고자 하는 정권의 의도를 알아차렸다면 전체 경찰이 직을 걸고 막았어야 한다. 필요하면 목숨을 걸고라도 막아냈어야 했다. 정권에 타협한 이들을 제외한 전체 경찰이 눈을 부릅뜨고 저항한다면 막아낼 수 있다.

그동안 검찰이 내부 단결을 통해 정권 차원의 압박을 막아냈던 것을 너무도 잘 알지 않는가. 검찰이 가능했다면 경찰도 가능한 일일 것이다. 자꾸만 기울어지는 무게중심이 너무나 안타깝다. 지금 나는 야인이다. 그래서 더욱 외치고 싶다. 이 절박한 현실을, 이 안타까운 미래를.

우리는 경찰국을
원하지 않았다

"전국경찰서장회의를 왜 제안했는가?"

누군가 이렇게 묻는다면, 또 나 스스로 똑같은 질문을 던진다면 대답은 하나다. 부끄럼 없는 경찰이 되고 싶었기 때문이다. 과거에 경찰은 완장을 차고 감시자 역할을 할 때도 있었고, 부패했던 시절도 있었다. 또 무능한 경우도 많았다. 인정할 것은 인정해야 한다. 중요한 것은 '경찰이 누구를 위해 일했는가'이다. 정권의 부역자였는가, 국민을 위한 파수꾼이었는가.

경찰 역사에 있어서 1991년은 기념비적인 해였다. 그해 7월 31일 치안본부가 경찰청으로, 지방경찰국은 지방경찰청으로, 해양경찰대는 해양경찰청으로 각각 명칭이 변경됐다. 보안과는 방범과로, 대공과는 보안과로 명칭이 바뀌었다. 여기서 주목할 것은 단순한 명칭 변경이 아니다. 경찰이 권력이 아닌 국민을 위해 일하기 시작한 해였고, 이것이 국민적 합의, 즉 법적인 효력을 얻었다. 경찰 역사와 대한민국 민주주의의 진일보였다. 무엇보다도 국민이 생각하는 경찰의 이미지가 달라졌다. 국민을 통제하고 관리하는 이미지가 아니라 국민의 안전을 보호하고 국민의 입장을 먼저 헤아려주는 새로운 경찰의 탄생이었다.

시민들의 입에서 '민주 경찰'이라는 말이 먼저 나왔다. 길을 가다가 급히 화장실을 갈 일이 생기면 지구대 내 화장실을 자유롭게 이용했고, 갑자기 소나기가 퍼부으면 지구대로 들어와 우산을 빌렸다. 민생 현장에서 걸려 온 긴급 전화를 받으면 어디든지 곧장 달려가 국민 안전을 챙기는 것이 경찰의 가장 흔한 일이자 중요한 일이기도 했다. 치안본부가 경찰청으로 명칭이 변경된 이래 지난 32년간 대한민국 경찰은 그 이전과는 달랐다. 민주화 이전 국민의 자유를 억압하고 제한한 그야말로 '가까이하기엔 너무 먼 당신' 같은 존재의 경찰에서 친절한 경찰, 국민의 경찰로 거듭난 시절이었다.

나는 어쩌면 시대를 잘 타고난 사람이었다. 1988년 4월 경위로 임관했다. 당시만 해도 경찰은 우리가 흔히 말하는 '민주 경찰'과는 거리감이 있던 시대였다. 하지만 그즈음 경찰은 조금씩 변하고 있었다. 1999년 서울경찰청에서 개발한 캐릭터의 등장은 정말이지 신선한 변화였다. 만화가 이현세 씨가 제작한 이

캐릭터는 서울경찰청 산하 전 직원들을 상대로 명칭을 공모한 끝에 '포돌이'와 '포순이'로 정해졌다. 같은 해 8월 20일에는 캐릭터 제막식을 열었고, 이어서 이 캐릭터를 이용한 어린이 명예경찰도 위촉해 발대식을 했다.

이때 제작된 포돌이는 경찰청 마스코트가 됐다. 이런 상징적인 변화와 함께 경찰은 국민의 곁으로 더 친근하게, 더 가까이 다가서고자 노력했다. 물론 국민 눈높이에 맞지 않는 부분도 많았겠지만 그래도 최소한 권력의 앞잡이 노릇은 하지 않으려 노력해온 세월이었다.

지난해 자행된 행정안전부의 경찰국 신설은 경찰의 역사를 30여 년 전으로 돌려놓겠다는 것이었다. 경찰을 통제해 정권의 앞잡이나 보호자 노릇을 하던 부끄러운 경찰로 되돌리려는 의도가 다분하게 읽혔다.

지난해 경찰국 신설과 관련 열 번 양보해 우리 경찰과 내가 잘못 생각하고 잘못 판단했을 수도 있다. 하지만 중요한 것은 경찰 조직 내 큰 변화를 놓고 구성원인 경찰들과 충분히 논의하지 않았다는 사실이다. 사적인 모임에서조차 함께 식사할 식당을 잡을 때 다수결의 원칙을 적용하는 시대다. 하물며 경찰은 14만 명에 달하는 큰 조직이다. 그런 경찰들에게 경찰국 신설에 대해 무엇을 물어봤는가? 행안부 주도하에 일사천리로 3개월 만에 진행된 그 과정은 과연 합당한 걸까? 전국경찰서장회의 당시 전국 총경 600여 명 중 과반이 넘는 350여 명의 총경이 경찰서장회의를 지지한다는 내용으로 자신의 실명을 기재한 무궁화 화환을 행사장으로 보냈다. 그 자체가 "우리는 경찰국을 원하지 않았습니다"라는 말을 대신하는 게 아니었던가.

지난해 8월 2일 경찰국 출범 이후로 내부 반발은 어느 정도 수그러든 분위기다. 일부 경찰은 대다수 경찰의 반대에도 불구하고 경찰국이 이미 출범한 만큼 운영 과정에서 실리를 찾자는 반응도 있다. 당장 표면적으로 드러나는 반발은 잦아들었지만, 향후 경찰국이 어떤 결과를 낳을지는 두고 볼 일이다.

권력의 시녀가
될 것인가

국민의 생명과 안전을 보호하는 경찰이 국민을 목적으로 보지 않고 대상과 수단으로 대하게 될 때 그 나라의 정치는 후퇴한다. 국민의 삶은 후퇴하고 인권도 급락한다.

이것이 경찰의 길을 걸어오는 동안 내가 고수해온 지론이었다. 적어도 경찰국 신설 이전까지 30여 년의 경찰은 이런 나의 뜻에 부합하는 조직이었다고 생각한다. 하지만 퇴임 후 사람들을 만날 때마다 우려의 목소리를 듣는다. "경찰이 민중의 지팡이가 아니라 권력의 시녀가 될 것 같다"는 말을. 이쯤 되면 권력도 문제지만 그 권력의 하수인으로 비치는 경찰의 수장, 즉 현 경찰청장의 자질에 문제가 있다는 얘기가 아닐까 싶다.

2022년 6월 27일 임기 만료 23일을 남기고 김창룡 경찰청장이 사임 의사를 표명하자 윤 대통령은 두 달이 채 지나지 않은 7월 4일 자신의 임기 첫 초대 경찰청장으로 윤희근 경찰청장을 지명했다. 경찰대 7기인 그는 나의 3년 후배다. 가까운 이가 잘되면 시기하게 된다는 의미에서 "사촌이 땅을 사면 배가 아프다"는 속담도 있지만 나는 승진에 연연하지 않는 길을 걸어왔다. 김 전 청장의 사임은 가슴 아픈 일이었지만, 신임 청장이 일선 경찰의 신뢰를 받고 능력 있는 사람으로서 새롭게 경찰 조직을 이끌어간다면 얼마든지 박수 쳐 줄 일이었다. 하지만 그가 청장 후보로 거론되기 이전부터 경찰 조직 내부에서는 잡음이 적잖게 터져 나왔다.

무엇보다도 그의 승진 속도는 경찰 역사상 유례가 없을 정도였다. 2022년 7월 치안총감으로 지명되기까지 7개월 만에 무려 2단계 승진을 한 보기 드문 인물이다. 그중에서도 2022년 6월 8일 치안정감이 된 후 8월 10일 치안총감까지 불과 두 달만에 경찰청장이 된 것은 어마어마한 초고속 승진이었다. 매사에 색안경을 끼고 보는 것은 좋지 않은 일이지만 윤석열 대통령과 윤희근 치안정감이 공교롭게도 둘 다 파평 윤씨라는 점에서 뒷말이 무성하게 나오기도 했다.

워낙 놀라운 승진 사례였기에 언론에서도 민갑룡에 이어 지방경찰청장을 거치지 않고 경찰청장에 오른 두 번째 사례라는 것에 주목했다. 두 사람 모두 경찰대학 출신에 경찰청 차장을 거쳐 청장으로 직통 승진했다는 공통점이 있었다.

인사권자는 따로 있으니 이런저런 이유를 따져 물을 수도 없는 일이다. 다만 그는 경찰청장 후보자가 되면서부터 논란을 불러왔다. 전국경찰서장회의가 있던 다음 날인 2022년 7월 24일 자《연합뉴스》에 보도된〈"나도 대기발령 하라" "장관만 바라보는 청장"…서장회의 후폭풍〉이라는 기사에는 엄청난 수의 댓글과 반응이 나타났다. 그중에서도 "윤희근 내정자 본인의 개인적 야망을 위해 선후배 동료들을 버린 채 조직을 바치는 사람, 참 질 나쁜 사람 많아"라는 댓글에는 1,697명이 찬성을 표했다. 청장이 되기 전에 이미 국민으로부터 경찰조직을 배신했다는 불명예를 안게 된 셈이다.

이어서 8월 8일엔 국회 인사청문회가 시작됐다. 경찰청장이 되려면 국회 인사청문회를 통과해야 한다. 물론 인사청문회를 통과하지 못해도 대통령이 밀어붙이면 임명이 된다. 이미 그런 선례들을 종종 보아왔지만, 그래도 큰 문제없이 통과해야만 국정 수행에 걸림돌이 되지 않는다. 더군다나 경찰청장이다. 당시는 경찰국 신설과 관련 한동안 언론과 국민의 관심이 경찰에 집중된 시기였다.

이 시기에 지명된 윤희근 치안감은 8월 8일 인사청문회에서 불리한 질문에는 답을 하지 않거나, 애매모호한 대답으로 논점을 피해 갔다. 그리고 무엇보다 중요한 경찰국 신설 논란과 관련해서도 제대로 된 입장을 표명하지 않았다. 이에 민주당은 임명 반대를 당론으로 내세웠고 인사청문 경과보고서는 채택되지 않았다. 하지만 이틀 뒤인 8월 10일 윤석열 대통령은 직권으로 윤희근 치안정감을 경찰청장으로 임명했다.

그는 임명 이후에도 계속해서 구설에 오르내렸다. 그중 대표적인 것이 이태원 압사 사고 대처 방안이었다. 당시 국민 치안의 최고 책임자는 부재중이었고 연락조차 되지 않았다. 나중에 밝혀진 바로는 지인과 월악산 캠핑 중이었고, 복귀해 그가 취한 대처 방안은 그날 출동해 고생한 일선 경찰들에게만 책임을 물었다는 것이다.

이듬해 2월 2일 전국경찰서장회의에 참석한 총경들에 대한 보복 인사가 이루어지자 그를 향한 국민의 원성은 더욱 커졌다. 2월 6일 보도된 JTBC〈'경찰국 신설 반대' 줄줄이 좌천…보복성 총경 인사 '부글부글'〉에는 "자기 동료 후배들도 못 지키는 윤희근 그렇게 살면 뭐 하나" 또는 "윤희근 대단하십니다. 오래오래하십시오"라는 댓글이 등장했고 누리꾼의 원성이 컸다. 이쯤 되니 많은 국민에게서 '허수아비 청장'이라는 말을 들을 수밖에 없었을 터이다.

이뿐만이 아니다. 윤희근 청장은 취임 이후부터 2023년 6월까지 열 달 동안 본인 사진이 들어간 표창장을 무려 212건이나 수여한 것으로 밝혀졌다. 이를 두고 비판 여론이 일고 행안부도 해당 문제를 지적하자, 경찰청은 7월 5일 고민 끝에 표창장 수여를 중단하기로 했다. 경찰청 관계자는 상의 가치를 높이기 위해서였다고 해명했지만, 과연 청장 사진이 들어간다고 상의 가치가 높아지는지는 판단이 서지 않는다. 이를 두고 행정안전부는 '정부 표창 규정'을 준용한 '경찰 표창 규칙'의 서식과 어긋난다며 표창 규정 위반 여부를 검토할 계획이라고 했다. 지휘관의 역량과 자질이 전체에 미치는 영향을 다시 한번 생각하게 하는 일이었다.

사실 나도 경찰서장 재직 중 공적이 있는 경찰관에게 표창장을 줄 때 사진을 넣어주었다. 다만 내 사진이 아닌 수상자의 프로필 사진을 표창장 내용이 없는 부분에 넣어 수상자들의 자존감과 영예성을 올려주었다. 특히 젊은 직원들에게는 표창장을 부모님 댁에 게시하도록 해 자식 키운 보람을 느끼도록 장려했다. 사진을 활용한 것은 같지만 분명 결이 다른 일이었다.

뜻대로 되진
않을 터이다

추석을 앞둔 9월 중순쯤이었다. 부산 시내에서 우연히 만난 고등학교 후배가 커피를 마시다가 대뜸 "해도 해도 너무한 거죠?"라고 했다. 전국경찰서장회의 이후 반복되는 인사 보복 조치로 결국엔 사표를 던진 나를 위로하려는 말처럼 들려서 순간 '나는 괜찮다'는 의미에서 미소로 넘기려고 했다.

웬걸 그게 아니었다. 자영업을 하는 그는 평소 정치는 관심조차 없었다고 했다. 당장 먹고사는 문제가 시급한데다 열심히 살다 보면 좋은 때가 오겠거니 하면서 살아온 소시민이었다. 하지만 현 정부의 흐름을 보면 모든 일이 대통령 한 사람의 머리와 입에 지나치게 편중되어 있다는 게 한눈에 드러나니 이거야말로 정말 잘못된 게 아니냐는 거였다. 후배에게 무슨 말을 해야 할까 잠시 머뭇거리다가 솔직하게 내 마음속에 있는 의견을 날것 그대로 던졌다.

"이제 시작일 텐데, 검사 출신이잖아. 국정 요직을 자기 맘대로 장악하겠다는 것으로 보이거든. 그런데 그게 뜻대로 될까?"

아니나 다를까. 국회는 10월 6일 본회의를 열고 김명수 대법원장 퇴임 후 지명된 이균용 대법원장 후보자에 대한 임명동의안 표결을 실시했다. 결과는 대다수 국민이 국회 인준에서 실패할 것으로 예상하고 있던 그대로였다. 투표 참여 의원 295명 중 과반인 175명이 '이균용 반대'에 표를 던졌다. 찬성은 118명, 기권은 2명이었다. 대법원장 후보자가 국회 인준을 받지 못한 사례는 1988년 이후 35년 만이라고 한다. 대통령의 사법부 장악 시도가 일단 실패로 돌아간 모양새다.

대법원장은 사법부의 수장이다. 그 중요한 자리에 자신의 친구로 알려진 이균용 서울고법 부장판사를 지명한 것은 사법부마저 장악해 행정부 견제 기능까지 무력화시키려는 시도라는 인상을 지울 수 없었다. 한편으로 보면 무모한 정치 놀음 아니었는가 싶다.

정부 주요 기관을 권력으로 장악하려는 현 정부의 실상은 1년 반도 채 안 되는 그간의 임기 동안 이미 파노라마처럼 이어져 왔다. 입법부 장악 차원에서는 이미 임기가 남아 있는 여당 대표를 윤리위원회 징계를 빌미로 몰아냈다. 이어진 당 대표 선거에 사실상 개입해 경쟁력 있고 유력한 후보들을 겁박해 경선을 포기하도록 했다. 이후 전혀 예상 밖의 가장 경쟁력 없는 후보가 당 대표를 차지했다. 또 주요 당직에는 윤핵관을 임명해 내년에 있을 총선의 공천권을 장악했다.

언론 보도나 정치권에 나도는 말에 의하면 내년 총선에 대통령실의 비서관, 행정관과 검사 출신 인사들의 출마가 줄을 이을 것이라 한다. 만약 이 작전이 성공한다면 향후 국회도 장악이 가능할 것이다. 국회까지 장악되면 검찰 공화국은 사실상 완성된다. 설사 여당이 절반을 넘기지 못하더라도 검찰 출신 국회의원의 호위로 퇴임 후의 안전이 보장될 것이다. 그러니 어떠한 사회적인 비난이 있어도, 내부 알력으로 당이 휘청거려도, 검사 출신 인사의 공천을 멈추지 않을 것이다.

하지만 여당과 국회를 검찰 출신으로 채우려는 이 시도는 우선 여당 내부의 반발에 봉착할 것이다. 공천 파동이 일어날 것이고 설사 그 파동을 잠재우고 원하는 이들로 출마 라인업을 구성한다고 할지라도 국민의 심판을 피해 가지 못할 것이다. 오히려 그러한 오만함이 선거 결과에 악영향을 끼칠 것이다.

여러 독립기관을 장악하려는 시도도 이미 낱낱이 드러났다. 감사원과 방송통신위원회, 국민권익위원회까지 강성 보수 및 검사 출신 인사들이 차지했다. 언론사 사장들을 대거 해임하고 정권 입맛에 맞는 인사들을 등용해 언론 길들이기를 시작했다. 일찌감치 자세를 낮추고 알아서 정권의 호위대로 전락한 매체들도 여럿 되지만, 그렇다고 40여 년 독재 시절처럼 모든 언론이 침묵하는 일은 벌어지지 않을 것이다. 지금은 21세기이고 그 어느 때보다도 정보 전달이 빠른 시대인 만큼 국민의 입과 귀를 완전하게 막진 못한다.

나는 확신한다. 경찰은 물론이고 각 부처와 언론 그리고 독립기관까지 마음대로 장악하려는 윤석열 정부의 시도는 계획대로 되지는 않을 것이다.

3장

파마머리를 한
경찰서장

경위 류삼영,
다리뼈가 부서지다

1988년 4월 경찰대 4기 출신의 나는 경위로 임관했다. 드디어 20대 청년 류삼영이 경찰로, 그리고 넓은 세상으로 첫발을 내디딘 것이다.

첫 발령지는 제주도로 보직은 303전경대 2소대장이었다. 서귀포시를 반으로 잘라 그 서쪽 해안선을 지키며 북한 간첩의 침투를 막아내는 것이 주 임무였다. 해안선이 튀어나온 지점, 즉 '바다로 뻗어 있는 작은 육지'라고 일컫는 '곶'에 만들어진 5개의 초소에 전경대원을 배치하고 야간 경계 근무를 하는 것이었다. 소대장인 나는 주간과 야간에 경계 근무를 하는 초소 근무자를 감독하고 격려하기 위해 오토바이를 타고 순찰을 했다. 엄밀히 보면 경찰보다는 군인 쪽에 더 가까운 임무를 수행하던 시기였다.

가을의 제주 바다는 잔잔했고 은빛 파도는 아름답기 그지 없었다. 초소 스피커에서 흘러나오는 클래식 음악과 제주 바 다는 너무나도 잘 어울렸다. 얼마나 아름다운지 감성적인 언 어 그대로 표현하면 가슴이 시릴 정도였다. 이후 한동안은 이 유를 알 수 없는 가슴앓이가 가을만 되면 도지곤 했다.

어쩌면 그것은 긴장과 압력으로 굳어진 몸과 마음이 풀려 나는 일종의 카타르시스였을지도 모른다. 경찰대는 학문을 배 우는 곳이라기보다 규율과 명령, 복종을 견디는 곳이었다. 그 러한 이중, 삼중의 틀 속에서 4년을 견딘 청년에게 비로소 여 유가 생겼으니 그로 인해 내쉴 수 있었던 긴 호흡이 아니었나 싶다. 그리고 오래 눌렀던 풋풋함과 오래 견뎠던 감성들이 아 무런 제약 없이 제 모습대로 사는 자연을 만나 천천히 조용하 게 제자리를 찾아가는 과정이기도 했을 것이다.

경찰대를 갓 졸업한 스물네 살이었으니 전경대원들도 나와 나이가 비슷한 또래였다. 실제로 내 친구 중 하나는 고참 대원 으로 부대 내에서 인사 업무를 담당하고 있었고, 또 다른 친구 는 신병으로 입대를 했다. 훗날 그 친구는 나 때문에 괴롭힘을 당했다고 했다. 소대장인 내가 선임병들을 힘들게 하면 단지 내 친구라는 이유만으로 자기에게 불똥이 떨어져 괜한 기합을 받았다고 푸념했다.

어느 겨울날 새벽이었다. 큰 사고가 발생했다. 오토바이 뒷 좌석에 전령을 태우고 해안 초소를 순찰하던 중 그만 8톤 트럭에 다리가 깔려버린 것이다. 무릎 아래에 있는 두 개의 뼈가 다 부서졌다. 얼마나 심각한 상황이었는지 트럭 운전사는 트럭이 내 오른쪽 다리를 밟고 있는 그 상태로 시동을 끄고 놀라서 기절하고 말았다. 뒤에 타고 있던 전령도 넋이 나갔던 모양이다. 트럭에 깔린 다리가 너무도 아팠다. 전령에게 소리를 크게 질렀다.

"어서 빨리 기사를 깨워. 차를 후진시키라고."

바퀴에 깔려 있던 다리를 빼고 보니 완전히 부러져 있었다. 병원으로 옮겨졌는데 다리가 덜렁덜렁했다. 그 와중에도 이순신 장군이 무과 시험을 보다가 말에서 떨어져 다리가 부러져 나뭇가지를 덧대었다는 일화가 생각난 것은 대체 어찌 된 영문일까. 천생 나는 무관이었나 싶었다.

제주도 전체를 관장하는 전경대 대대장은 사고 소식을 듣고 사고 경위에 대한 감찰 조사를 벌였다. 그의 생각으로는 '누가 추운 겨울 새벽에 순찰 근무를 했겠나. 보나 마나 새벽에 술 마시고 놀다가 다쳤을 것이다'라고 지레짐작을 한 것이다. 그런데 웬걸 이건 일탈이 아니었다. 근무를 너무 열심히 한 까닭에 난 사고였다. 사고가 나기 몇 분 전 초소에 순찰 사인을 남긴 것이 확인됐다. 날이 그토록 추웠으니 적당히 때우고 쉬었으면 아무 일도 없었을 터인데, 책임을 다하겠다고 춥고 어두운 겨울 새벽

초소마다 돌다가 그 사달이 나고 만 것이다.

사고 발생 직후에는 혼을 내겠다고 단단히 마음먹었던 대대장은 감찰 후 '모범 소대장' 표창을 주었다. 그뿐만이 아니었다. 전 대대원들에게서 성금을 모금해 위문금도 전해주었다. 돌이켜보니 나는 그때부터 원칙주의자였다. 경찰대를 다니는 4년 동안 그토록 힘들었던 규율과 원칙, 명령과 복종이 인간 류삼영을 '경찰 류삼영'으로 바꿔놓았던 모양이다. 그런 면에서 보면 경찰대는 성공적인 교육기관이다.

그 일이 있고 경찰대학 후배들 사이에서는 내가 오토바이 사고로 죽었다는 소문이 돌기까지 했단다. 그런 소문이 날 만큼 큰 사고였다. 완치까지 1년이 소요된다는 진단과 함께 여러 차례 수술을 받아야 했다.

그렇게 전경 부대에서의 1년을 병원에서 마치고 1989년 울산남부서 경남 기동 5중대 소대장으로 기동대 임무를 맡게 되었다. 당시 담당 의사는 어느 정도 회복되긴 했으나 충격을 받으면 다리가 다시 부러질 수 있으니 보조기를 꼭 차라고 했다. 결국 나는 보조기를 찬 불편한 상태로 새 발령지로 갔다.

우연인가 아니면 인연인가. 기동대에 가보니 공교롭게도 기동 5중대의 또 다른 소대장도 오토바이 사고로 다리를 다쳐 절뚝거리며 걷고 있었다. 당시 울산은 시위가 많았기에 거의 매일 시위 관리에 투입되어야 했는데 새로 발령받은 소대장 세 명 중 두 명이 다리 부상이었으니 난감하기 이를 데 없었다. 중대장은 상부에 보고해 소대장 한 명을 더 충원했고, 나는 작전관으로 자리를 옮겼다.

그런데 이 또 무슨 마른하늘에 날벼락이란 말인가. 얼마 지나지 않아 부대에 큰 사고가 터졌다. 섣달그믐날, 당시 한 국회의원 사무실이 시위대의 공격 목표가 될 거라는 정보를 입수하고 화염병 공격에 대비해 대원들이 경계 근무를 서고 있었다. 날씨가 워낙 춥다 보니 경계 근무 중인 대원들이 국회의원 사무실 위에 있던 빈방에 불을 피워놓고 잠을 자다 그만 세 명이 사망하고 말았다.

꽃다운 청춘에게 불어닥친 사고사였으니 전국이 떠들썩했다. 감찰 조사가 진행되어 당시 소대장 3명 중 2명이 징계를 받았지만 나는 지휘에서 벗어나 있었던 터라 책임을 지지는 않았다. '인간지사 새옹지마(人間之事 塞翁之馬)'라는 것을 다시 한번 깨닫는 안타까운 일이었다.

나이도 계급이고,
계급도 나이다

경찰은 군처럼 철저하게 계급과 명령으로 움직이는 조직이다. 그럼에도 불구하고 장유유서 문화가 지배적인 우리 현실에서는 종종 나이로 인해 불편한 일이 벌어지곤 한다. 그래서일까. 경찰 속담에 "나이도 계급이고 계급도 나이다"라는 말이 있다. 이를테면 나이와 계급이 부조화할 때의 처신에 관한 지혜인 것이다. 나이 어린 상급자가 나이 많은 하급자를 나이로 존중하고, 나이 많은 하급자가 나이 어린 상급자를 계급으로 존중하면 둘 사이에 상호 존중이 형성되어 별다른 문제가 발생하지 않는다. 반대로 나이 어린 상급자가 나이 많은 하급자를 계급으로만 대하면 반발을 사게 되고, 나이 많은 하급자가 나이 어린 상급자를 나이로 무시하면 그 또한 위계질서가 무너지고 관계가 껄끄러워진다.

20대 중반의 나는 비로소 경찰 업무에 투입되었다. 물론 그 전에 제주도 전경대와 울산 기동대에서 소대장으로 2년을 근무했지만 엄밀히 말하면 이 기간은 군인과 경찰의 업무가 합쳐진 형태였다. 이 기간은 다양한 삶의 모습을 배우고 더 좋은 경찰이 되기 위한 일종의 과도기나 수습 기간이었다.

실제로 그랬다. 경찰대학교나 전경대 기동대는 전부 또래였고, 교수들과 상사들만 나보다 나이가 많았다. 나이와 계급 때문에 갈등하거나 불편할 일은 없었다. 그런데 파출소 소장으로 발령을 받고 현장에 가니 그곳은 딴 세상이었다.

1991년 2월 마산동부경찰서 구암2파출소장이 됐다. 당시 내 계급은 경위였다. 10여 명의 직원 중 계급은 내가 제일 높은데 나이는 반대로 제일 어렸다. 어느 정도 예상은 했지만 막상 현실로 부딪치고 보니 '대략 난감' 그 자체였다. 난감하기로서는 부하 직원들도 마찬가지였다. 더욱이 경찰대 초기였던지라 그 파출소에 젊은, 아니 어린 경위가 소장으로 부임한 것은 내가 처음이었다. 게다가 이 어린 경위는 계급만 파출소장이지 경찰 일은 제대로 모르지 않던가.

이론과 현장은 늘 다른 법이다. 나에게는 현실 적응이 시급했다. 첫 출근을 하고 상황을 파악해보니 직원 대부분은 순경이었다. 당시 파출소는 갑반, 을반으로 나뉘어 2교대 근무를 하고 있었다. 열 명 남짓한 파출소 경찰관이 다섯 명씩 나뉘어 24시간 밤샘 근무를 하고 다음 날은 비번으로 쉬는 식이었다.

반마다 얼굴에 주름이 가득하고 머리카락이 하얗게 센 초로의 차석 두 분이 팀을 맡아 동네를 지키고 있었다.

갑반과 을반 책임자인 차석들은 30년 넘게 경찰로 근무하며 딱 한 번 승진해 순경은 면한 경장이었다. 당시는 순경으로 입직해 순경으로 퇴직하는 이들이 많았을 때다. 그러니 차석 경장이 50대 중반으로 특별히 이상한 경우는 아니지만 나이로 보면 내가 그분의 막내아들뻘이나 다름없었다.

그들은 오랜 기간 경찰 생활을 한 만큼 산전, 수전, 공중전까지 다 겪고 지역 상황도 손바닥 들여다보듯이 훤했다. 말 그대로 베테랑이었다. 하지만 나는 계급만 경위일 뿐 임용장에 잉크도 안 마른 애송이 아니던가. 모든 것이 신기하고 낯설기만 했다. 사람도, 지역도, 업무도 모든 게 그랬다. 이런 상황에서 '파출소장'이라는 직위로 그들을 지휘해야 하니 참 애매하고 어려운 노릇이었다. 또 그들에게 나보다 나이 많은 자녀도 있을 거라는 생각에 미안하고 죄송스런 마음까지 들었다.

어쩌겠는가. "나이도 계급이고 계급도 나이다"라는 경찰 속담대로 조직을 이끌기로 했다. 모르는 것은 물었고, 내가 아는 것은 가르쳤다. 뭐든지 처음이 어렵고 이상하지, 적응하고 점차 익숙해지는 게 사람이다. 나도 그들도 그 상황에 익숙해지면서 얼마 지나지 않아 당연하고 평범한 일상이 되어갔다.

나는 파출소장이란 직위를 떠나 늘 '동료'라는 마음으로 순찰 직원들과 곧잘 동행하곤 했다. 같이 다니며 인간적으로

나는 대한민국
경찰입니다

가까워지고 지역 주민들과 소통하며 동네 상황도 파악하곤
했다.

경찰서장으로 다시 돌아온
'깡깡이 마을'

2019년 1월 마치 연어처럼 나는 다시 어머니 품 같은 곳으로 돌아왔다. 오십 년 전 어머니가 깡깡이 일을 하던 영도의 지역 치안을 책임지는 영도경찰서의 서장이 되어 부산시 영도구 남항동, 일명 '깡깡이 마을'에 온 것이다. 그러니 나로서는 먼 과거 속으로의 시간 여행을 거부할 수가 없었다.

산업화 물결이 일던 1970년대 부산에는 '자갈치 아지매', '재첩국 아지매', 그리고 '깡깡이 아지매' 이렇게 세 아지매가 있었다. 고단했던 서민의 삶을 대표하는 얼굴이었던 그 아지매들 속엔 내 어머니도 계셨다. 어머니는 깡깡이 아지매였다. 두세 살 터울의 고만고만한 사내아이들이 초등학교에 다니던 그 시절 어머니는 단지 엄마나 여성이 아니라 한 집안의 가장이었다. 병든 시어머니를 봉양하고 아들 넷을 홀로 키워내셨다. 밖으로만 돌던 아버지는 살아계실 때나 돌아가신 뒤에나 어머니의 의지가 되지 못했다.

돌이켜보면 어머니는 사시사철 매일 세상을 두드렸다. 두드리고 또 두드렸고, 그 두드림으로 밥이 열리기를, 자식의 미래가 열리기를 소원했다. 추운 날, 더운 날, 바람 부는 날 가리지 않고 폐선 외벽의 가느다란 줄에 매달려 녹슨 철판을 두드리고 또 두드리셨다. 그것은 바로 '깡깡이질'이었다.

깡깡이 마을은 중구 산복도로 위 꼭대기에 있던 우리 집에서 한눈에 내려다 보이는 자갈치시장 건너편, 영도대교와 남항대교가 맞닿은 곳에 있었다. 남항동(옛 대평동)의 수리 조선 마을이다. 바람이 이는 것처럼 기운차게 일어난다는 뜻인 '풍발포', 혹은 거센 풍랑을 피하는 배들이 머문다는 '대풍포'에서 유래된 지명만큼이나 급속한 산업화로 경제 발전의 불이 붙던 그 시절, 이곳 또한 누가 봐도 서민의 생생한 삶의 현장이었다. 이 시기는 원양어업 전성기이기도 했다. 당시 초등학교 5학년 국어 교과서에 '남태평양', '황다랑어' 등의 단어가 등장하는, 원양어선을 탄 삼촌이 조카에게 보낸 편지글이 실렸을 정도였으니까.

당시의 원양어업은 활황이었고 대표적인 외화벌이 창구이기도 했다. 그 활황을 타고 깡깡이 마을도 사람, 돈, 물자 모든 것이 기운차고 풍부했다. 먼바다를 누비며 갖은 풍상에 찌들고 그렇게 나이 먹어 낡아버린 배들이 풍발포 수리 조선 전문

업체인 '영도조선소'로 끝없이 들어왔다.

깡깡이질은 낡은 배를 수리하기 위한 첫 공정이다. 얼룩덜룩해진 페인트 자국과 빨갛게 핀 녹을 끝이 뾰쪽한 망치로 두들겨서 말갛게 벗겨내는 일인데, 망치로 칠 때마다 깡깡 소리가 난다고 해 깡깡이질이라고 했다. 쇠로 쇠를 치니 그 소리는 크고 요란하며 날카로웠다. "깡! 깡!" 울리던 그 쇳소리는 날이고 달이고 끊임없이 봉래산을 넘어가고, 영도 앞바다로 퍼져갔다. 가장 먼저 닿는 곳은 가장 가까이서 자기 몸을 치는 작업자, 깡깡이 작업자들의 고막이다. 깡깡이 소리는 깡깡이 아지매들의 고막 세포를 하나하나 부수며 사방으로 흩어졌다.

깡깡이질은 소리만 큰 것이 아니다. 위험도 큰 일이었다. 배들은 물 위에 떠 있을 때는 그리 크거나 높아 보이지 않는다. 하지만 수리를 위해 육지에 올려놓고 보면 그 크기는 상상 그 이상이다. 배는 선박과 수면이 만나는 흘수선(waterline) 아래 물에 잠긴 부분이 더 많아 아주 큰 대형선의 경우는 건물 수십 층의 높이만큼 높다. 깡깡이 아지매들은 그 까마득한 높이에 매달아놓은 세 가닥 줄, 좁은 널빤지 한 장에 몸을 맡기고는 한 땀 한 땀 내려오며 망치질을 했다. 코앞에서 쇠먼지, 녹먼지가 날린다. 당시에 방진 마스크가 있었을 리 만무하다. 그 소리와 먼지는 고스란히 깡깡이 아지매들의 몫이었다.

그 시절 어머니는 깡깡이 망치를 쥘 수밖에 없었다. 산업화 태동기라고 하지만 여성의 일자리는 한정되어 있었다. 젊은 여성들 다수는 방직공장이나 봉제공장으로 향했지만 나이 든 여성들에게는 그런 일자리마저도 흔치 않았다. 깡깡이질은 일반 공장처럼 제조 설비가 갖춰진 공장 내부에서 하는 일과는 천지차이였다. 고된 일이다. 종일 비바람 맞아 가면서 해야 하는 데다 발아래는 푸른 바닷물이다. 안전사고 발생이 잦은 위험한 일이다 보니 그 위험만큼 임금을 조금 더 받을 수 있었다.

어머니도 당신이 매달려 있던 세 가닥 줄 중, 두 줄이 끊어져 목숨을 잃을 뻔하기도 했다. 그 일이 일어나고 어머니는 깡깡이 일을 하지 않겠다고 선언했다. 그런데 웬걸, 며칠 지나지 않아 쇳소리 요란한 그 마을로 다시 들어가셨다. 40여 분은 족히 걸어야 하는 그 길을 차비를 아끼기 위해 걸어서 오갔다.

초등학생인 내가 봐도 정말이지 당신의 하루하루는 고된 삶의 연속이었다. 건강이 좋지 않은 데다 성격까지 깐깐한 시어머니를 모시면서 네 아들을 먹이고 입히고 가르쳐야 했으니 말이다. 축복인지 고난인지 아이들은 하나같이 공부를 잘했다. 그러니 다시 줄을 타고 내려갈 때 느끼는 아찔함 속에서도 두려움보다는 어떻게 해서든 엄마라는 책임감과 자식들 잘되길 바라는 희망 한 가닥으로 망치를 다잡았을 것이다.

내가 다시 찾은 깡깡이 마을은 그때의 활황은 찾아볼 수 없었다. 세월을 따라잡지 못한 한가함과 느릿함이 다닥다닥 붙은 작은 건물들 위로 켜켜이 쌓이고, 좁은 골목들 사이로 구불구불 지나간다. 이런 한가함과 느릿함은 경찰의 시각으로는 당연히 우범 지역이다. 끊임없이 안전을 노크해야 하는 곳이다.

이곳의 치안 책임자로 선 나는 그 옛날 어머니가 망치로 삶의 희망을 두드렸듯이 이 마을의 안전과 행복을 두드렸다. 나의 두드림으로 이 마을이 조금 더 안전하기를, 내가 걷는 걸음, 땅을 울리는 구둣발 소리가 여전히 남은 이들의 가슴에 안심 신호로 전해지기를, 그리하여 주민들이 평안 속에 잠들 수 있기를 바라며.

나는 대한민국
경찰입니다

알고 보니
국가유공자 집안

영도경찰서 재직 시절이었다. 우리 관내인 영도구에 '3대 독립유공자' 가족이 있었다. 국가보훈처(현 국가보훈부)에서 뒤늦게 발굴한 가족이었다. 보훈처에서 내려온 과장 그리고 부산경찰청장과 함께 찾아가서 독립유공자 문패를 달던 그날의 기억이 유독 잊히지 않는다.

할머니는 딸과 함께 영도의 허름한 임대아파트에서 어렵게 생활하고 계셨다. 시아버지, 시어머니, 그리고 남편까지 모두 독립운동을 한 집안이었지만 그 영광은 어디에도 보이지 않았다. 그저 남루하고, 곤궁한 모습만 집안 전체에 가득 배어 있었다. 할머니는 건강이 좋지 않은데도 병원비 때문에 치료도 못 받는 상황이었고, 필수 식품조차 제대로 구하지 못하는 말 그대로 최빈곤층이었다. 그런데 뒤늦게 찾아온 보훈처는 유공자 문패 하나 달아주는 것이 고작이었다.

　안타까운 일이지만 우리나라 독립운동가 집안 대부분의 모습이었다. 가난과 곤궁에 문패 따위가 무슨 도움이 되겠는가. 속이 상하다 못해 분노가 치밀었다. 나라도 할 수 있는 최선을 다하자 싶어 무료 치료가 가능한 병원에 할머니를 연결해드렸고, 식품 회사들에 사실을 알려 식료품 기부를 연결했다. 수명이 다한 냉장고도 동아대학교 대학원 교수님의 제안으로 함께 새로 장만해드렸다.

　독립운동가 집안 중 많은 분이 긴 세월 동안 마땅히 받아야 할 존경과 대우를 받지 못한 것은 우리 역사가 한동안 숨겨온 가슴 아픈 사실 중 하나다. 해방 전후 그리고 한국전쟁 전후의 혼란 속에서 제대로 된 친일 청산을 할 수 없었던 데다, 정·재계와 문화예술계 그리고 학계까지 친일 부역자들 대부분이 자리를 고스란히 지켰기 때문이다. 친일은 감춰지고 오히려 개국공신으로 칭송받았다. 그들은 한결같이 권력과 돈에 충성해왔다. 나라가 있든 없든 그들에게 바뀐 것은 없다. 다만 충성하는 대상만 달라졌을 뿐이다.

　이는 비단 한국뿐만이 아니다. 전후 독일도 나치 청산에 실패했다. 시스템이 무너지면 안 된다는 이유 때문이었다. 뉘른베르크 전범재판소에는 극도로 죄질이 나쁜 몇몇 나치들만 섰을 뿐이다. 하지만 실제 전후 독일에서는 유대인을 보호했다는 가짜 문서가 수없이 사고 팔렸고, 그 문서는 많은 나치에게

면죄부를 주었다. 전승국 미국도 독일이 국가 시스템을 망치면서까지 전범을 재판하는 걸 원치 않았다. 미국은 원하는 것을 원하는 만큼 챙겼다. 과학자를 비롯한 독일 지식인들을 무더기로 데려갔고 그들 대부분이 나치 부역자들이었다. 그리고 그들은 죽는 날까지 미국을 위해 충성했다.

친일 부역자 후손들은 일제로부터 받은 훈작과 하사금으로 땅을 한없이 사들였다. 자식 교육도 대학이든 유학이든 원하는 대로 시키고, 직업도 알짜 자리만 골라서 차지했다. 반면 독립유공자의 후손은 가난하게 살며 자식도 제대로 공부시키지 못해 그 가난을 대물림하며 견뎌왔다. 나는 그 실체를 영도구 유공자 할머니 댁에서 가감 없이 보았다. 이름도 명예도 없이 투신한 독립투사들에게 돌아온 결과가 남루와 곤궁이라니 참으로 개탄스러운 일이다.

2021년 우리 가족에게도 모두가 놀랄만한 일이 벌어졌다. 알고 보니 우리도 국가유공자 집안이었다는 사실이다. 외증조부님이 독립운동을 하셨다는 얘기는 익히 들어서 알고는 있었다. 그런데 뒤늦게서야 그 공을 인정받아 고려대 교우회에서 보훈처에 독립운동가 추서를 논의 중이라고 했다. 고향 남해에 외증조부님의 동상이 세워지기까지 했다. 더 충격으로 다가온 것은 아버지도 국가유공자라는 사실을 알게 된 것이다. 그것도 무려 한국전쟁에서 공을 세운 화랑무공훈장 수훈자였다.

아버지는 6·25전쟁에 참전해 화랑무공훈장 수훈이 결정되었는데, 훈장을 받기 전에 전역하셨고, 이후 전후의 혼란한 사회상으로 인해 연락이 되지 않아 무공훈장을 전달받지 못했던 것이다. 최근 6·25 무공훈장 찾아주기 운동본부가 무공수훈자 유족들의 연락처를 적극적으로 찾다 보니 경찰 출신인 나에게 연락이 닿았다. 70년 만에 아버지의 무공훈장이 주인을 찾아온 것이다.

　부산 남구청에서 거행된 훈장 수여식에서 우리 4형제와 조카들이 모두 모여 어머니 가슴에 아버지의 훈장을 꽂아드렸다. 어머니의 한이 얼마나 풀어졌는지는 모르겠다. 만일 우리 가족이 아버지의 훈장 수훈 사실을 미리 알았더라면 많은 것이 달라졌을 것이다. 국가유공자 자녀들은 초등학교부터 대학교까지의 학비 전액을 국가가 부담한다. 그러니 어머니가 매학년 신학기마다 학교에 가서 학비를 면제받기 위해 울며 사정하지 않아도 되었을 것이고, 나는 경찰대학에 가지 않았을 것이다. 또한 취업도 국가가 직접 알선해주므로 형들의 취업을 국가가 주선해주었더라면 그들이 좀 더 나은 삶을 살지 않았을까 싶다. 아버지의 훈장으로 국가유공자 등록은 했지만, 달라진 것은 격주로 배달되는 보훈 신문 한 장뿐이었다.

　국가유공자를 우대하는 보훈 업무는 민족정신을 높이는 일이다. 국가가 또다시 위기에 처할 때 국민이 국가를 위해 헌신하게 하는 커다란 동기부여 요소가 된다. 그리고 이미 지나간 세월, 친일 부역자들이 누린 부귀영화와 그들이 덮어버린 어두운 과거가 하루아침에 벗겨질 수는 없을 것이다. 한두 사람의 노력으로 해결되지 않을 것이며 한두 해로 그 잘못된 오랜 시간이 제자리로 돌아오긴 어렵다. 많이 늦었지만 그나마 지금이라도 보훈처가 제 기능을 다하겠다는 노력을 보이니 다행이다.

아버지의 화랑무공훈장을 받고 한편으로는 감격했지만 다른 한편으로는 무거운 짐을 지게 되었다는 느낌을 지울 수 없었다. 우리 집안이 대를 이은 유공자 집안이라니 이 얼마나 영광스러운 일인가. 내가 영도의 국가유공자 할머니 댁에서 그토록 비분강개했던 사실도 어쩌면 이런 피의 부름이 아니었을까. 유공자가 홀대받는 현실에 피가 먼저 반응했던 게 아닌가 싶었다. 그리고 솔직한 심정은 내가 퇴직하면 받게 될 '근정훈장'으로 우리 집안도 3대 유공자 집안이 되는 것이 아닌가 하는 영광을 기대했다.

나는 평생을 공무원으로 일했다. 물론 보수를 받는 직장이었지만, 경찰이라는 신분은 업무 특성상 항상 부름에 대비해야 하고, 언제나 위험을 각오하고 국민을 섬기며 국민을 위해 봉사해야 한다. 그래서 오랜 시간 경찰로 재직한 이들에게는 그 공을 높이 사서 근정훈장을 수여한다. 통례로 보면 나는 당연히 수훈 대상이다. 주변에서도 당연히 그렇게 생각하고 있었다.

그런데 퇴직하면서 알아보니 어떻게 된 일인지 나는 그 대상자가 아니란다. 이 무슨 얼토당토않은 일이란 말인가. 징계를 받은 사람은 훈장을 받을 수 없다는 것이다. 그러나 이는 법률적으로도 시기적으로도 부당한 처사다. 나에 대한 정직 3개월의 징계는 서울행정법원에서 징계 효력 정지 가처분을 인용해 1심 판결 선고 후 30일까지 효력이 정지되었다. 현재로서는 나에 대한 징계는 없는 것과 같다는 인사혁신처로부터의 유권해석이 있었다. 그런데도 경찰청은 덮어놓고 우긴다. 법률이 어떠하든, 유권해석이 어떠하든 훈장을 주지 않겠다고 한다.

그러나 나는 '3대 유공자 집안'이란 타이틀을 꼭 지키려고 한다. '윤주석 – 류학철 – 류삼영'으로 이뤄진 3대 국가유공자, 훈장 수훈자 집안의 명예를 위해 행정소송도 불사할 생각이다. 법률을 그리고 관계 기관의 해석을 덮어버리겠다는 이 어처구니없음이 70년 전이 아닌 지금 2023년에 또 있어야 되겠는가. 더욱이 지금은 이만한 일로 국가 시스템이 붕괴되는 것도 아니지 않은가.

경찰서 옥상 공원
정자(亭子)의 비밀

부산 하면 빼놓을 수 없는 상징적인 곳 중 하나가 영도다. 국내 모든 자치구 중 유일하게 섬이며 매년 '영도다리축제'가 열리기도 한다. 영도경찰서에서 재직했던 1년 6개월은 그 어느 때보다도 '소확행(소소하지만 확실한 행복)'이 함께했던 시절이었다.

남포역에서 영도대교를 건너면 바로 오른쪽에 자리한 영도경찰서는 건축된 지 오래된 건물이었다. 건물은 노후화되고 마당은 협소해 직원들은 물론이고 방문하는 시민들이 불편해하고 있었다. 나름 신선하고 쓸만한 아이디어를 찾아낸 결과 여러 가지 시설을 개조하기로 했다.

먼저 경찰서 현관 옆에 야간 당직실로만 활용하던 공간을 주간에만 이용할 수 있는 커피숍으로 만들었다. MZ세대만이 아니라 장노년층도 커피를 즐기는 시대다. 직원들에게는 저렴한 가격으로 커피를 비롯한 음료를 제공하고 경찰서를 방문하는 시민들에게도 커피 향으로 경찰서의 이미지를 보다 편안하고 친근하게 만들고자 했다. 계획대로 추진한 결과 직원들도, 방문하는 시민들도 모두 만족했고 이곳에서 발생하는 수익금은 구내식당 운영 보조금으로 사용케 하여 식사의 질을 좋게 만들었다. 그야말로 두 마리 토끼를 잡는 좋은 결과를 낳았다.

또 다른 시설 개조는 외벽이었다. 영도경찰서는 바다에서 가장 가까운 경찰서로 바다로부터 10미터 거리에 있다. 전망 좋은 곳에 자리하고 있음에도 건물 자체가 바다를 등지고 있는 형상이다 보니 바다를 볼 수가 없었다. 게다가 북향 건물이기에 현관과 복도가 대낮에도 늘 어두웠다. 과감한 결정이 필요했다. 바다가 보이는 남쪽 벽을 뚫었다. 현관에 들어서면 뒤편 자갈치시장 앞바다를 관망할 수 있도록 벽면을 뚫고 대형 전면 창을 냈다. 그러자 건물 내부가 환해지면서 경찰서를 방문하는 시민들이 환호했다. 직원들의 마음 또한 그 이전보다는 한결 밝고 환해진 듯한 인상을 받았다.

변화는 또 다른 변화를 몰고 온다고 했던가. 새로운 것을 추구하는 기질이 강한 나는 직원들의 복지 향상을 위해 또 하나의 일을 벌였다. 다름 아닌 '정자 기증'이었다. 영도경찰서는 마당이 협소해서 정문에서 현관까지의 거리가 지구대 파출소의 마당 수준이었다. 직원들이 잠시라도 옥외에서 거닐며 대화할 수 있는 공간이 없었기에 건물 옥상에 정원을 마련하기로 한 것이다.

그때까지만 해도 옥상에는 못 쓰는 대형 에어컨 실외기와 잡동사니가 방치되어 있어 직원들의 흡연 장소로만 활용될 뿐이었다. 옥상을 리모델링해 좁은 마당을 대신하고 직원들의 휴게 공간 마련을 위해 예산을 확보하기로 했다. 부산경찰청에서 예산을 담당하는 과 계장을 설득해 가까스로 예산을 마련할 수 있었다.

하지만 확보한 예산만으로 나름 그럴듯한 옥상정원을 만들기에는 역부족이었다. 하는 수 없이 옥상 바닥 방수 작업은 경험 있는 직원들이 팔을 걷고 나서 직접 방수 시공을 했고 그 위에 인조 잔디를 깔았다. 흙을 올려 나무도 심었다. 이때 일부 직원들은 자기 농장의 소나무를 가져와 기증하기도 했다. 그럼에도 한계가 있었다. 옥상 담벼락 너머로 보이는 자갈치 시장 앞바다를 관망하기 위해 나무 바닥을 높게 설치하다 보니 예산이 바닥났다. 비와 햇빛을 가릴 정자를 설치해야 하는데 대략 난감 그 자체였다. 부산청에서는 더 이상의 예산 배정은 어렵다고 해 진행 중이던 공사를 멈춰야 하는 상황이었다. 그렇다고 옥상정원을 미완성으로 남겨놓을 수는 없는 일, 고심 끝에 대책도 없이 무작정 내 주머니를 털기로 하고 담당 직원에게 전했다.

"그대로 지어라. 정자는 기증하는 셈 치고 남은 비용은 내가 해결할게."

공사가 완료됐다. 계획한 대로 멀리 바다와 자갈치시장 쪽을 한눈에 바라볼 수 있는 멋진 옥상정원이 탄생했다. 문제는 책임지겠다고 했던 돈이 아닌가. 아내 몰래 딴 주머니 찼던 돈이 없다 보니 은행 대출을 할 수밖에. 은행에서 대출한 돈으로 정자 공사 비용을 지급했다.

하지만 문제 아닌 문젯거리가 생겼다. 우리 경찰서 직원은 물론이고 일부 시민 사이에 '정자 기증 서장'이란 애칭이 붙은 게 아닌가. '정자 기증'이란 말 그대로만 들으면 자칫 오해의 소지가 다분했다. 직원들에게 절대 그 말은 하지 말아달라고 당부했다.

사실 은행에서 대출한 정자 공사 비용은 나중에 장인어른 장례식을 치를 때 개인적으로 받은 부의금으로 변제했다. 이 사실은 지금까지 아내도 모르는 일이다. 이 책으로 인해 감춰진 비밀이 밝혀지면 어쩌나 걱정되기도 한다. 아내가 알면 오해할 여지가 있어 아주 곤란한 일이라 그동안 집에 말하지 못한 터였다.

화백회의를
벤치마킹하다

때로는 엉뚱한 곳에서 정답이 나오기도 한다. 경찰 초년 시절 표준화된 생각이나 관례가 종종 참신한 생각을 차단하는 경우를 보았다. 그래서 나는 '내가 간부가 된다면 그때는 최대한 모두의 의견을 듣겠다'는 것과 '모두 동등한 자격으로 말하고 듣는 시스템을 구축하겠다'는 두 가지 철칙을 마음속에 새겨넣었다.

우리에게는 역사적으로 좋은 본보기가 있다. 1,500여 년 전, 그 까마득한 세월 전에 한반도에 민주적인 회의, 민주적인 결론 도출을 위한 좋은 의사결정 기구가 있었다. 바로 '화백회의'다. 각각 '대등(大等)'이라고 불리는 진골 출신 귀족 스무 명이 모여서 먼저 자체 의결을 통해 의장 격인 '상대등(上大等)'을 선출하고 이 상대등의 진행 아래 국가 중대사를 의논했다.

신라뿐만 아니라 한국사에 등장하는 거의 모든 국가에는 민주적인 회의 기구가 있었다. 이를 통해 왕권을 견제하고 다수의 의견을 수렴해 최상의 결론을 도출했다. 고구려의 '제가회의', 백제의 '정사암', 발해의 '정당성', 고려의 '도병마사'와 '도평의사사', 조선의 '의정부'와 '비변사' 그리고 고종 때의 '의정부' 등이 바로 그것이다. 우리는 이런 민주적인 회의 기구와 절차로 반만년을 이어온 민족이다.

경찰로 일하면서 상사가 직위로 아랫사람을 누르는 회의 모습은 결코 바람직해 보이지 않았다. 수사 절차나 결론에 있어 상하 간 의견 차이가 있을 경우, 즉 대장이나 계장, 팀장, 직원 간 의견 차이가 있을 때 계급으로 눌러서는 안 된다는 게 나의 생각이었다. 모두의 의견이 전부 중요하므로 수사 회의를 화백회의처럼 진행했다. 단, 화백회의는 만장일치제이지만 우리의 수사 회의는 다수의 의견이 몰리는 쪽으로 최종 결론을 내기로 했다. 그리하여 지휘관의 의중이 수사 결론을 일방적으로 좌지우지하지 못하도록 시스템을 만들고 이를 정착시켰다.

이러한 화백회의 벤치마킹은 경찰 내부 회의나 수사 회의에만 머물지 않았다. 일례로 내가 반부패수사대 대장으로 일할 때는 아무나 변호사를 만나지 못하게 했다. 반부패수사대 사건의 상당수가 무겁고 중요한 사건이므로 대부분 대형 법무법인이 수임하는 게 통례다. 이 경우 해당 대형 법무법인에서는 경찰 출신 변호사들로만 골라서 업무를 맡긴다. 그리고 그들 대부분은 대장이나 계장 등 수사 지휘관들과의 면담을 원한다. 목적과 의도가 너무나 뻔하지 않은가. 그러니 그렇게 만났다가는 상대측에서 우리가 자신들과 결탁했다는 엉뚱한 판단을 할 수 있고, 이 상황이 제삼자나 외부에 알려지면 반부패수사대, 아니 경찰 자체를 불신할 수도 있다.

철칙을 세웠다. 반부패수사대 사건 변호사는 변호인 접견을 하고 오직 담당 수사관만 만나도록 했다. 계장, 대장, 부장, 청장은 만나지 못할 것이니 아예 시도조차 하지 말라고 못을 박았다. 저항이 없을 수 없었다. '왜 안 만나 주냐', '왜 못 만나게 하냐', '말단 수사관과 할 말이 있고 간부와 할 말이 따로 있지 않냐' 등등 우리 조직 내부에서도, 또 외부에서도 각종 불만이 폭주했다. 하지만 나는 흔들리지 않았다. 처음에는 의아해하던 청장과 수사부장들도 나의 의도와 원칙을 이해하고 고맙게도 대부분 동의해주었다.

"수사 지휘관과 상대 변호사가 따로 만나 보십시오, 어떤 결과가 있을 것이고, 무슨 말을 듣겠습니까? 공정성 시비만 불러오지 않겠어요?"

이렇게 외치는 내 의중을 수사 간부들이 몰랐을 리가 없다. 다만 그 이전까지는 관행이 그러했고 복잡한 층층시하 수사

과정도 불편하니 좋은 게 좋다고 그렇게 흘러왔을 뿐일 것이다. 나는 안다. 혁명도 처음에는 한 사람의 가슴에서 일어난다는 것을. 비록 세상을 바꾸는 혁명은 아닐지라도 내가 맡은 부서에 더 좋은 관례와 더 공정한 수사 체계가 정착되기를 원했다. 그래서 나는 귀는 열고 사람의 접근은 막는 신라의 회의가 얼마나 지혜로운 것인지 새삼 느끼게 되었다.

어쩌다,
'반부패수사대장'

───────────────────────────────

　　사람이 삶에 자기 결정권이 생긴 이후로는 본인 의지에 따라 이름값이 결정된다는 말이 있다. 경찰 인생을 걸어오는 동안 나 자신을 일컬어 세 가지가 없는 사람이라고 말하곤 했다. 내 이름이 '삼영'이니 세 가지가 없는 사람이 맞다. 그것은 바로 골프, 저녁 약속, 사업가들과의 만남. 이 세 가지를 하지 않겠다는 나 자신과의 약속을 제대로 지켰다.

　'이름값 한번 제대로 했다'고 자부해도 좋은 시절이 있었다. 2021년 1월이었다. 부산 영도경찰서장에 이어 6개월 전부터 부산경찰청 청문감사관으로 재직하고 있었다. 6개월 후면 다시 경찰서장으로 전근 갈 예정이었다. 업무 적합성을 따져볼 때 나는 경찰서장이 잘 맞았다. 그래서 청문감사담당관으로 1년을 무리 없이 일하고 다시 경찰서장으로 발령 나기를 기다리고 있었다.

이변이 생겼다. 나에게 부산경찰청 반부패수사대장 의사를 타진하는 연락이 왔다. 경찰 인사는 보통 일 년 단위로 진행되고, 아주 특별한 경우에나 6개월 혹은 1년 반의 예외적 인사가 있을 뿐이다. 그런데 뜬금없이 반부패수사대장이라니 이 무슨 황당한 일이란 말인가.

사실 그 이전까지 반부패수사는 검찰의 독점 영역이었다. 검찰 내에서도 18개 지방검찰청 중 딱 7개 지검에만 설치되어 있을 정도로 이 일을 맡은 반부패수사관들은 '특수통'이라 불리며 검찰 내에서도 엘리트로 인식되었다. 수사 대상도 주로 정치인이거나 권력형 비리를 저지른 고위공직자 혹은 대형 경제사범 등이니 실력이 없거나 힘이 없고, 또 라인이 든든하지 않으면 감당하기 어려운 자리다. 당연히 엘리트들이 모일 수밖에 없다.

2021년 1월 검경 수사권 조정으로 검찰의 직접 수사 대상이 대폭 축소되면서 반부패수사 영역이 경찰로 넘어왔다. 경찰 역사상 처음으로 반부패수사대가 설치되었다. 반부패라는 말은 사정(司正) 개념이기에 검찰만 독점해서 사용했고, 경찰은 한 번도 사용하지 못한 명칭이다. 그런데 그 막강한 권한이 경찰로 이관되었고, 이제 경찰은 사정의 주체가 됐다.

서울은 물론 부산을 비롯한 지역 청별로 반부패수사대가 생겼다. 부산과 서울, 경기남부경찰청에는 총경급이 대장으로 보임되는데, 부산청에서는 처음 생기는 이 기관의 수장에 누구를 앉힐 것인가 고민이 많았다.

처음에는 고사했다. 그런데도 재차 요청이 왔다. 또 거절했다. 부산 경찰청장은 어쩔 수 없이 다른 사람을 반부패수사대장으로 추천했다. 그러자 인사권자인 경찰청장이 직접 전화를 해왔다.

"부산 반부패수사대장을 맡을 사람은 당신뿐입니다. 무겁고 힘든 자리인 줄 알지요. 그래서 당신에게 부탁하는 것이니 맡아줬으면 해요."

이쯤에서는 더 이상 거절할 수가 없었다. 나중에 알고 보니 내가 초대 반부패수사대장이 된 이유는 여기저기서 내 이름이 나왔기 때문이라고 했다. 초대 반부패수사대장을 맡을 사람은 류삼영 총경뿐이라며, 그 사람은 생긴 모양새대로 성격과 업무 처리도 대쪽 같으니 부패를 수사할 적임자라고 했다는 것이다.

당시 초대 대장이 된 걸 기뻐해야 할지, 난감해야 할지 참으로 판단이 서지 않았다. 무엇보다 '초대'라는 상징성만으로도 버거운 자리였다. 게다가 이 기관은 경찰로서는 신설 기관이라 축적된 자료나 노하우가 없다. 업무 분석과 체계 잡기부터가 쉽지 않을 것이다. 그러니 초대 대장의 책임은 당연히 크고 무겁게만 느껴졌다. 거기다 부서 자체가 검찰이 독점해오던 사정 기관 아닌가. 이런 예민한 부서의 초석을 놓는 일이니 만만하지 않을 것이 분명했고, 또 업무 특성상 외압과 유혹도 있을 수 있다. 어지간히 단단한 사람이 아니면 감당하기 어려운 자리라는 것을 직감했다.

경찰은 명령에 따라 움직이는 조직이다. 그리고 나는 평생 경찰이다. 호박 깊은 집에 주둥이가 긴 소가 들어가는 법이다. 나는 반부패수사대라는 깊은 호박에 들어가기로 했다. 주둥이 긴 일소가 되어.

반부패수사대장으로 일하게 되었을 때 많은 생각을 했다. '명색이 반부패수사대장이다. 나를 이 자리에 낙점하면서 인사권자들은 어떤 기준, 어떤 기대를 했을까'라고. 그때까지 내가 걸어온 경찰로서의 삶이 올곧지 않았다면 누구도 나를 이 자리에 앉힐 생각은 하지 않았을 것이다.

사실 기업인들은 경찰을 만나려고 한다. 특히 수사 경찰은 기를 쓰고 만나려 한다. 나에게도 이 사람 저 사람 통해서 골프나 식사 제의가 없던 것은 아니었다. 그럴 때마다 앞뒤 잴 것도 없이 시간이 없다는 핑계를 대며 거절했다. 세상에 공짜는 없다. 누린 만큼 내주어야 하는 게 당연지사다. 그 값을 치르자면 양심을 잘라 내주거나, 업무의 공정함을 내주어야 할 때가 많을 것이다. 기업은 이익을 추구하는 곳이고 기업인은 그 이익의 크기와 방향을 결정하는 사람들이다. 소득 없는 곳에 투자하지 않는다는 말이다. 그러니 기업인들이 경찰을 그 저 만나기만 하겠는가. 경찰이 무엇이 예뻐서 밥 사주고 술 사 주고, 용돈을 쥐여주겠는가. 기업인들에게 경찰은 투자 대상 이고 장래 이익을 위한 포석이다.

책임이 큰 자리에 내가 결정되었다는 것은 나에 대한 평가 와 이미지가 깨끗했다는 말이다. 그러니 이미 반은 성공하고 들어간 자리다. 그렇다면 직임을 잘 수행해 나머지 반도 깔끔 하게 잘해서 마무리해야 했다. 1년간 나는 그 자리에서 내 이 름값을 제대로 하고자 세 가지를 하지 않는 사람, '삼영'으로 보냈다. 다시 생각해도 떳떳하고 후회 없는 시절이었다.

"총경 머리가
그게 뭐꼬?"

　　나는 파마하는 남자다. 곱슬곱슬한 파마머리는 경찰 정복과 함께 나에게 '어린왕자'라는 별명을 붙여준 고마운 존재이기도 하다. 하지만 가끔 옛 친구들이나 친척들을 만나면 "총경 머리가 그게 뭐꼬?"라며 혀를 차는 소리도 종종 듣게 하는 지청구 대상이기도 하다. 멀리 다른 사람을 찾을 필요도 없다. 머리를 바꾼 초창기에는 당장 내 어머니부터 꼴 보기 싫다며 당장 풀고 오라 하셨으니까. 그다음은 집안 어른들이다. 보자마자 "어험" 하며 못마땅하다는 듯 헛기침 소리를 내시곤 했다. 하지만 당사자가 제 스타일을 고집하는 한 한낱 지나가는 잔소리에서 끝이 나고 만다. 조직 상사들이 마음에 들어 하지 않는 것이야 불 보듯 뻔하지만 그 또한 마찬가지다. 헤어스타일까지 강요할 수는 없으니까.

"생각을 바꾸면 미래가 바뀐다"라는 말이 있다. 생각을 바꾸면 분명 좋은 일이 있겠건만 그 일이 그리 쉽진 않다. 나는 생각을 유연하게 바꿔보겠다는 의도에서 우선 머리카락부터 유연하게 하고자 변신을 시도했다. 경찰은 명령과 복종 그리고 규율과 절차에 따라 움직이는 조직이고, 그 틀에 잘 맞는 사람이 모범적이고 적절한 인재다. 업무 자체도 딱딱하고 거칠다. 그러다 보니 경찰관들의 사고도 규격화되어 가는 것을 피하기 힘든 게 현실이다. 나부터가 그랬다. 경찰에 적응하고 유능하게 해내고자 노력하다 보니 생각과 사고의 유연함이 사라지는 것 같았다.

　머리 모양은 많은 의미를 담고 있다. 머리는 사람의 몸 중에서 가장 높은 곳에 있고 눈에 가장 먼저 들어오는 부위기도 하다. 사람들이 각자의 헤어스타일을 고집하거나 변화를 주는 데는 그럴만한 이유가 있는 법이다. 스님들이 삭발하는 것도 세상을 비롯해 지금까지의 나와 이별한다는 장엄한 의미가 있고, 시위대의 삭발은 꺾이지 않겠다는 강렬한 투쟁의 표식이다. 드라마에서는 종종 여성들이 연인과 헤어진 후 머리를 자르는 것으로 마음을 정리하는 모습을 보여주기도 한다.

　직모였던 머리카락을 곱슬머리로 바꾼 시점은 8년 전인 2015년이었다. 이때 나는 총경 승진 후 경찰대학에서 소양 교육을 받고 있었다. 날마다 사건 사고로 치열한 일선 경찰청 업무에서 벗어났고, 장소도 평소 근무처가 아닌 곳이라 그런지

몸과 마음이 비교적 편안했다. 게다가 시간도 적당히 여유가 있었다. 내친김에 나도 머리를 한번 파격적으로 바꿔보기로 했다. 평소 생각했던 파마를 하기로 마음먹었다. 헤어스타일이 바뀌면 내 머릿속에 담겨 있는 의식과 사고 체계도 달라질 수 있다고 생각했다.

그날 나는 한순간의 머뭇거림도 없이 결정과 동시에 용인 수지 근처의 미용실을 찾아갔다. 그리고 난생처음 파마를 했다. 파마 후 거울 속에 비친 내 모습을 보는 순간 "오 괜찮은데"라는 말이 저절로 나왔다. 깜짝 놀랄 일은 그다음에 발생했다. 파마 가격이 자그마치 11만 원이란다. 순간 멈칫했지만 이미 머리는 바뀌었으니 다시 되돌릴 수 없는데다 무엇보다도 간절히 소망하던 소원 성취 하나는 했으니 비용에 대한 미련은 그 자리에서 접었다. 미용 시술 가격을 잘 몰랐을 때이니 그저 '용인시 수지 물가가 대단하구나'라고 생각했다.

사실 보수적인 경찰 조직 내에서 남자 경찰관이 파마를 한다는 것은 엄청나게 부담 가는 일이었다. 경정까지는 나름 조직 내에서 눈치를 봐야 하는 신세라 실행에 옮기지 못하다가 총경이 되고 나니 이제 더는 눈치 보지 않아도 되겠다 싶어서 일을 저지른 셈이다. 하지만 또 멀쩡히 근무하다가 갑자기 뽀글 머리를 하기도 좀 그랬으니 시간적으로도 여유가 있고 마음도 편한 교육 기간에 오래 미뤄둔 거사를 단행한 것이다.

반응은 대단했다. 연령에 따라 반응이 확연히 달랐다. 나이가 든 쪽의 십중팔구는 혀를 찼다. 익숙한 것이 좋고 변화를 싫어하는 전형적인 반응이었다. 반대로 젊은 쪽은 호평 일색이었다. "잘 어울린다", "유니크하다", "용기가 대단하다" 등등. 무엇보다도 가족의 반응이 내겐 중요했다. 아내는 말했다. "훨씬 젊어 보이네요."라고. 이쯤 되면 일단 성공이다.

파마머리가 가장 이슈가 된 것은 경찰서장회의를 앞두고 내가 매스컴에 등장했을 때였다. '총경 머리 꼴이 저게 뭐냐?'는 반응이 절정을 이루었다. 내 헤어스타일은 보는 이들의 시선을 끄는 데 탁월해서 다른 어떤 사안보다 먼저 눈에 들어와 화젯거리가 되곤 했다. 그러다 보니 정작 중요한 사안인 경찰서장회의 내용이나 기자회견, 국회 증언 내용 등이 뒤로 밀릴 판이었다.

나이 50대의 총경이라고 하면 권위 있어 보이는 행동에 점잖은 외모 그리고 짧고 단정한 헤어스타일을 상상하기 마련이다. 그런데 파마머리는 한순간에 그 상상을 뒤엎어버린다. 껑충하게 키가 크고 호리호리한 체형에 뽀글 머리다. 거기다 얼굴색이 하얗다. 처음 보는 이들로서는 파격도 이런 파격이 없는 것이다.

당시의 하얀 얼굴을 해명한다면 사실은 이랬다. 지난해 울산에서 자전거를 많이 탔다. 때가 7월이었으니 그즈음 따가운 햇볕에 얼굴이 새카맣게 타버렸다. 평소에는 탄 얼굴을 전혀 신경 쓰지 않고 살았다. 그런데 아산 인재교육원에 카메라를

든 기자들이 아주 진을 치고 기다리고 있었다. 선크림이라도 좀 바르고 나가야겠다는 생각에 급히 선크림을 수배해서 발랐다. 문제는 내가 평소에 사용하는 물건이 아니니 얼마나 바르고 어떻게 발라야 하는지조차 모른 채 덮어놓고 얼굴에 문지르고 기자 앞에 섰다는 것이다. 그날 선크림은 제대로 펴지지 않았고 제품마저 커버력이 높은 종류라 분을 바른 듯 하얗게 보였다. 날은 덥고 긴장도 되었으니 땀까지 솟아올라 얼굴은 더더욱 흰 분칠로 번질번질했다.

그날 나는 세상에서 처음 보는 총경이 되어버렸다. 행사 자체만 해도 권력자에 대한 항명으로 비치는 유례없는 대형 사건인데 그 모임의 주동자라고 나온 사람이 하얀 얼굴에 곱슬머리였으니!

내가 전국경찰서장회의로 나라를 떠들썩하게 만든 것도 어쩌면 파마 때문이 아니었을까. 유연하고 파격적이지 않았다면 감히 실현할 수 없는 사건이니까 말이다.

정의란
무엇인가

우리가 살면서 쉽게 말하고 자주 사용하지만 그대로 실천으로 옮기기란 결코 쉽지 않은 단어가 있다. 바로 '정의(正義)'다. 바른(正) 것은 말이나 행동 따위가 사회적 규범이나 사리에 어긋나지 않고 들어맞거나 사실과 어긋남이 없다는 뜻이고, 옳다(義)는 것은 사리에 맞거나 격식에 맞아 탓하거나 흠잡을 데가 없다는 의미로 쓰인다.

경찰대학에 재학 중이던 20대 초반부터 지금까지 '정의'에 대해 많은 생각을 했고 현실에 비춰보며 고민도 했다. 그리고 정의를 실천하는 삶을 살아보고자 무던히 노력했다. 정의를 실천하기 위해서는 세 가지 철칙이 필요했다. 사자성어로 집약하면 '견강부회(牽强附會)', '견리사의(見利思義)', '견위수명(見危授命)'이 그것이었다.

정의 즉 '옳고 바름은 무엇인가?'에 대한 답은 '견강부회'를 금하는 것이었다. 사회적 규범이나 사리는 정상적인 사회생활을 하는 사람이라면 보편적으로 알고 있는 규범이고 생활 속에서 절로 알게 되는 삶의 이치다. 어떤 것이 옳고 그른지는 배워서 아는 일이 아니다.

복잡한 규범을 찾아 해석하거나 누구에게 물어보기 전에 이미 스스로 깨닫고 판단이 선다. 이 옳고 그름의 문제는 법으로 요란하게 해석하지 않아도 사람들 대부분은 자기 양심으로 그 판단을 할 수 있다. 그런데 요즘의 법 기술자들은 법을 다르게 해석하고, 이것저것 희한하게 오리고 붙여서 그른 것을 옳다고 주장하는 사례가 종종 있다. 그러니 이치에 맞지 않는 말을 억지로 끌어 붙여 자기에게 유리하게 하는 일을 멀리하는 게 바로 정의가 아니겠는가.

정의를 실천하고자 한다면 그 개념으로 삶에서 '무엇을 추구할 것인가?' 즉 '견리사의'를 따져봐야 한다. 공자는 이해관계가 얽혔을 때 어떤 것이 옳은지 항상 살피고, 이익 때문에 양심을 잃지 말라고 가르쳤다. 경찰대학 4년 동안 귀에 못이 박히도록 외치고 들어 무엇보다도 명확하다고 생각하는 교훈인 조국, 정의, 명예에 대해서도 이견이 있다. 96퍼센트의 경찰이 경찰국 신설에 반대하는 것이 정의라고 주장하는 반면, 경찰 출신 여당 국회의원 대부분은 찬성하는 것이 정의라고 주장했다. 그들이 후배 경찰들을 나무라는 것은 자신들의 기득권을 유지하려는 이해관계 외에는 이해할 길이 없다.

정의의 개념을 분명히 알고 실천의 의지와 목표를 정했다면 다음은 '어떻게 행동할 것인가?'다. 바로 '견위수명'이다. 나는 내가 철칙으로 삼아온 세 가지 중에서 이것에 열정을 쏟았다. 옳다고 판단되는 일에 대해서는 손해를 감수해야 하고 심지어는 목숨도 걸 수 있어야 한다고 믿었다. 물론 어떤 일이 항상 옳거나 바를 수는 없다. 그래서 옳고 그름에 대한 판단은 상황에 따른 판단이되 양심적이어야 한다.

최근 어느 장관이 국회에서 사람들의 말꼬리를 잡아 어떤 것은 작은 일을 크게 부풀려서 침소봉대(針小棒大)하고, 또 어떤 것은 거꾸로 봉대침소(棒大針小)해서 세상을 홀리는 것을 보았다. 그리고 그 해석에 빗대어 스스로 옳다고 주장했다. 하지만 이것을 옳다 할 수는 없다. 그저 자신의 이해관계에 따라 법 규정을 끌어오고, 유리한 사례를 갖다 붙이고, 했던 말도 뒤집으며 법 기술을 있는 대로 부렸을 뿐이다. 그는 유능한 법 기술자는 될지언정 옳은 사람도, 바른 사람도 아니다.

애석하게도 이런 부류의 사람이 추구하는 것은 옳고 바름이 아니다. 현실의 이익이고 가능하면 눈앞의 이익이다. 그들은 많이 배우고 똑똑하다. 그래서 자신들이 옳지 않다는 것은 누구보다 그들 자신이 먼저 안다. 사람이란 누구나 기본적으로 양심이 있기 때문이다. 그러나 그들은 양심을 중요하게 생각하지 않는다. 이것이 세상에 비극을 가져온다. 많이 배운 이는 큰 비극을, 적게 배운 이는 작은 비극을. 나는 그간 경찰을 하면서 이런 실례들을 수도 없이 보았다.

현실에서 옳고 그름을 판단하는 쉽고 간단한 기준이 있다. 말 길이와 목소리 크기다. 긴말로 장황하게 설명하거나 큰소리로 윽박지르는 말은 끝까지 들어보지 않아도 옳지도 바르지도 않다. 짧고 간결하며 조용히 말하는 것이 옳고 바름이다. 옳음과 바름은 언제든지 누구나 알 수 있고 그래서 의심의 여지가 없이 명확하기에 말이 짧은 것이다. 반대로 옳지 않은 일을 설명하기 위해서는 여러 가지를 덧붙여야 하므로 말이 길어진다.

현실의 옳음과 바름은 당장은 불편하고 불리하다. 그러나 길게 보면 보람 있고 마음이 편하다. 반대로 의롭지 않은 유익과 유리는 지금은 좋아 보이지만 언젠가는 사달이 난다. 그래서 의로운 사람은 옳음과 바름을 추구하지만 소인배들은 당장 눈앞의 유익과 유리를 선택한다. 이것은 누구나 아는 진리이고, 진리는 이처럼 쉬운 것이다. 그러나 이 쉬운 진리를 실천하는 것은 천근의 무게만큼 어렵다.

나는 대한민국
경찰입니다

내가
차를 마시는 이유

경찰 생활을 하는 동안 나는 술이 약해서 고민이었다. 소주 한 잔에 얼굴이 빨개지고 정신이 혼미해진다. 회식 자리에서도 곤란한 경우가 많았다. 술을 마셔야 하는 자리에 가면 깡으로 마시다가 그대로 쓰러졌다. 술을 잘 마시는 사람이 부러웠다.

그러던 어느 순간, 술을 마셔야 한다는 부담에서 벗어나면서 차를 마시기 시작했다. 술과는 달리 차는 나와 찰떡궁합이었다. 차는 밤새도록 마셔도 문제가 없었다. 아니 몸에 더 좋았다. 차를 많이 마신 덕분에 피부가 맑아지고 정신도 맑아졌다. 보기에도 좋아 보였다.

조주선사는 당나라 때의 유명한 스님이다. 그는 자기에게 질문하는 모든 사람에게 "차나 한잔 들게나(끽다거喫茶去)"라고 했다. 세상의 모든 분별은 부질없으니 모든 분별을 내려놓으라는 의미로 차를 권했던 것이다. 과하게 흥분된 상태에서는 옳은 판단이 되지 않으니 차 한잔을 먼저 권하는 것이다. 이말이 옳다, 내 말이 맞다고 생각하기 전에 차분히 차를 마시는 게 무엇보다 중요하다고 본 것이다.

이처럼 내가 차를 마시는 여러 가지 이유 중 제일 중요한 것이 분별을 잠시 내려놓게 하는 차의 효능이다. 그야말로 '차분'하게 해준다. 차를 마시면 마음이 이완되고 신체가 편안해져 근심이 해소되고 스트레스를 완화해준다. 차는 좋은 것을 많이 포함하고 있으며 다른 좋은 것들과 연결되어 있다. 차와 하나가 되면 심신이 조화롭고 평온해진다. 나뿐만 아니라 오래 전부터 사람들이 차를 즐긴 가장 큰 이유는 몸에 좋기 때문이다. 차에는 약리적인 효과가 있어 오래전부터 약으로도 처방해왔고, 정신을 맑게 하여 풍류와 정신을 수련하게 하는 도구 역할도 했다. 차는 단순한 기호 음료 이상이었던 것이다.

차를 좋아하게 되면서 차 공부도 함께 했다. 조선 시대 문관인 이목(李穆)은 차의 여섯 가지 효능으로 오래 살게 하고, 병을 낫게 하고, 기운을 맑게 하며, 마음을 편하게 하고, 신선 같게 하며, 예의를 갖추게 한다고 했다. 실제로 내 삶 또한 그렇게 된 듯하다. 젊은 시절부터 술을 멀리하고 차를 벗하며 산덕분인지 나는 또래 친구들보다 젊고 건강하며 정신적으로도 건재하다. 30년 동안 차를 주로 마신 사람과 술을 주로 마신

나는 대한민국
경찰입니다

사람의 격차는 매우 크다.

내가 가장 좋아하는 차는 보이차다. 차중지왕(茶中之王), 차의 끝판왕이라 일컬어지는 보이차의 원산지는 중국 윈난성으로, 차의 종류도 많고 품질 차이도 크다. 특히 발효 기간에 따라 품질과 가격이 천차만별이다. 많이 마시고 오래 마실 수 있어 좋다. 차 대부분이 한두 잔 맛있게 마시면 속이 불편해 더이상 목으로 넘어가지 않는데, 잘 발효된 보이차는 부드러운 맛으로 위에 부담이 없어 거의 무제한으로 마시는 것이 가능하다. 그래서 나는 보이차를 즐겨 마신다.

차를 마시며 현명한 사람과 교우했고, 차를 마시며 용기를 길렀으며, 차를 마시며 뜻을 깨끗이 했다. 차는 힘든 시기 나를 위로해주었고 힘든 경찰 생활 내내 언제나 나와 함께 동고동락했다. 다만 총경 승진을 앞둔 몇 년은 가까이할 수 없었다. 주변의 눈치를 살펴야 했기 때문이다. 그 외의 시간에는 항상 내 주변에는 찻상이 있었고 여러 종류의 차와 찻그릇이 있었다.

차를 적극적으로 권하는 나에게 손님이나 동료들은 거의 물고문(?)을 당하기도 했다. 한 잔만 권하는 것이 아니라 열 잔을 넘게 권하다 보니 상대방이 손사래를 치기도 했다. 나름 좋은 것을 권하는 마음이었는데 상대는 힘들었을 것이다. 일부는 나와 함께 일하면서 차를 배워 스스로 차 생활을 이어가기도 했다. 나와 자주 차를 마시다 혈중 지방 수치가 많이 떨어졌다는 동료의 이야기를 듣고 많은 사람이 차를 마시기 시작하기도 했다.

요즘같이 사람들이 지나치게 흥분한 사회에서는 흥분을 가라앉히고 차분하게 문제를 해결하도록 돕는 차 마시는 문화가 더욱더 절실하다.

4장

대한민국 경찰을
위한 변(辯)

거짓말탐지기에
흔들린 범인

사람들은 거짓말을 한다. 거짓말을 하지 않는 사람은 없다. 아무리 정직한 사람이라 하더라도 사회생활을 하다 보면 일정 부분 거짓말을 할 수밖에 없다. 때로는 선의의 거짓말도 있지 않은가. 다만 거짓말을 자주 하는 사람은 8분에 한 번 꼴로, 심지어는 하루 200번쯤 한다는 연구 결과도 있다.

경찰 수사야말로 거짓말과 떼려야 뗄 수 없는 업무다. 범죄자들은 훨씬 고의적이고 교묘한 거짓말을 활용한다. 그러니 어찌 보면 경찰 업무는 사람의 말에서 거짓과 진실을 구별해내는 일이기도 하다. 그만큼 범인의 거짓말을 밝혀내는 것이 사건을 해결하는 데 있어 중요하다.

예전에는 거짓말 탐지의 수단으로 고문을 사용했다. 전후 진술의 모순을 지적하는 방법과 고문 이외에는 별다른 거짓말탐지 수단이 없었다. 그러나 최근에는 과학기술의 발달 덕분에 기계를 사용해 거짓말을 분별해내고 있다. '거짓말탐지기(lie detector, polygraph)'는 1921년 미국 경찰관이자 법의학자인 존 라슨이 개발한 것으로 사람이 진실을 말하는지 거짓을 말하는지 알아내는 기계다. 검사를 받는 사람의 맥박, 혈압, 호흡, 땀 같은 신체 기능의 변화를 측정해 그래프로 나타낸다.

내가 수사를 맡았던 사건 중에서도 거짓말탐지기를 사용해 범행을 밝혀낸 적이 있다. 한때 온 나라를 떠들썩하게 했던 '김길태 사건'이다. 2010년 2월 24일 부산 사상구 덕포동에서 초등학교를 갓 졸업하고 중학교 진학을 기다리던 예비 여중생을 납치, 강간, 살해한 사건이 일어났다.

당시 나는 부산경찰청 폭력계장이었다. 수사 기간 한 달 동안 집에도 들어가지 못했다. 급박하게 진행되는 수사 지휘와 매일같이 이어지는 언론 브리핑만으로도 지치기 충분한데, 대통령까지 관심을 두었던 터라 청와대에도 날마다 수사보고서를 작성해서 보내야 했다. 그러다 보니 사상경찰서 숙직실에서 새우잠을 자면서 속옷이나 양말도 제대로 갈아입지 못했다. 식사도 대충 때워야 하는 상황에서 수사 압박까지 심하니 스트레스가 겹쳐 내 꼴이 사람 꼴이 아니었다.

사건이 터지자마자 사상경찰서로부터 실종 사건을 접수했다는 보고를 받았다. 순간 심상찮은 생각이 들어 현장을 확인해보니 역시 예사로운 사건이 아님을 바로 알 수 있었다. 중학교 진학을 앞둔 여학생이 사라졌다. 단순 실종 사건이 아니라 납치 사건이라고 판단하고 부산경찰청 형사들을 비상 소집해 수색에 나섰다. 부산의 전 경찰서에 소집령을 내리고 15개 경찰서 서장이 직접 경찰서 직원들과 함께 백양산, 승학산, 엄광산 일대 전역을 수색했다. 경찰관, 전의경 등 연인원 4만 명에 헬기와 수색견까지 동원되었다. 경찰 역사상 전례가 없는 일이었다. 무엇보다 피해자를 찾는 게 급선무여서 이를 위해 경남, 울산을 포함한 전국에서 일제 검문검색도 동시에 실시했다.

이어서 현장 감식에 들어갔다. 피해자 집을 중심으로 과학수사대가 세밀하게 조사했다. 증거가 발견됐다. 피해자의 이웃집 바닥에서 습득한 라면 봉지와 인근 빈집에 버려져 있던 소주병에서 지문과 DNA를 찾아냈다. 즉시 전과자 김길태의 칫솔과 면도기의 DNA를 채취해 비교했더니 일치했다. 곧바로 김길태를 용의자로 특정했다. 3월 1일 김길태에 대한 체포영장을 발부받고 공개수사로 전환해 피해자와 용의자 수배 전단 100만 부를 배포했다.

김길태는 이미 1997년 성폭행 미수와 2001년 인근 지역에서 여성을 납치해 10일 동안 감금하고 강간한 전력으로 8년간 교도소 징역을 살다 2009년 6월에 석방된 전과자였다. 게다가 그는 여중생 납치 살해 사건 한 달 전, 그러니까 출소한지 불과 반년이 겨우 지난 2010년 1월 사상구 덕포동 지역에서 여성을 납치, 강간한 혐의로 이미 지명수배되어 있던 인물이었다. 사건이 터지자마자 곧바로 용의자군에 올라갈 수밖에 없었다.

3월 3일 새벽 현장 주변을 수색하던 중 김길태를 발견했다. 그는 운동신경이 탁월해 중고등학교 시절 체력장에서 거의 특급을 받은 만큼 도주하면서 3.5미터 옹벽을 거침없이 뛰어내렸다. 뒤따르던 형사도 곧바로 뛰어내렸으나 발목 부상을 당하고 말았다. 범인을 눈앞에서 놓쳐버렸으니 그 일로 부산경찰청은 언론과 국민에게 욕을 있는 대로 먹었다.

그리고 3일 후 6일에는 피해자의 시신이 발견됐다. 사상구 덕포동 범행지 인근 빈집의 빈 물탱크 안에 열세 살 이 모양의 처참한 시신이 있었다. 김길태는 성폭력 전과가 많고, 교도소에도 오래 있었던지라 범죄와 시신 유기에 직간접의 경험치가 높았다. 재개발로 주민들이 떠난 빈집에 혼자 지내면서, 부모님이 일하러 간 사이 혼자 있던 피해자의 집 다락으로 침입한 후 납치해 빈집으로 끌고 가 강간, 살해한 것이다. 그러고는 빈 물탱크 안에 시신을 넣고 벽돌과 시멘트를 덮어 교묘하게 위장해놓았다.

얼마 지나지 않아 결국 김길태는 잡혔다. 재개발로 주민이 떠난 빈집들을 집중적으로 수색하던 중이었다. 마을로 몰래 들어오다 옥상에서 경찰을 발견한 김길태는 또다시 뛰어내려 도주했다. 하지만 이번에는 형사들이 용의주도하게 접근했고 격투 끝에 검거했다. 일부 언론사는 김길태를 사상경찰서로

압송하는 장면을 동시 생방송으로 내보냈을 만큼 국민의 시선이 집중된 사건이었다.

교도소를 다녀온 경험이 많은 김길태는 경찰 조사를 이리저리 피해 가는 방법을 빤히 알고 있었다. 그 때문에 수사관들이 여러 가지로 힘들었다. 범행을 부인하거나, 그게 여의찮으면 묵비권을 행사하며 입을 다물었다. 불리한 증거가 나오면 경찰에 적개심을 내보이기도 했다.

베테랑 형사들로 심문조를 꾸렸다. 일부는 어르고 달래며 자백을 유도하고, 다른 팀은 공격적인 심문으로 정곡을 찔러 불편하게 하는 화전 양면의 심문 기법으로 그의 방어 심리를 무너뜨리고자 했다. 범죄분석관도 합류했다. 경찰청 소속 프로파일러인 권일용 분석관은 4회에 걸친 면담을 통해 그의 행동 특성을 파악했다. 동아대 병원 정신과 김 모 교수는 이 면담 과정을 모니터링해 김길태가 주변 사람들과의 공감대 형성을 의도적으로 거부하고, 타인의 신체적, 정신적 고통을 인정하지 않는 특성이 있음을 알려주었다. 그러면서 가장 우선되어야 할 것은 피의자인 김길태와의 '라포르(rapport, 신뢰 관계)' 형성이라고 조언해주었다.

범죄는 범인에게서 범행을 자백받는 것도 중요하지만, 범행 장소를 특정하는 일이 무엇보다 중요하다. 하지만 김길태가 범행 일체를 부인하고 있으니 범행 장소는 더더욱 알 수 없었다. 범행 여부를 확인하는 거짓말탐지기 검사에 이어 범행 장소 파악을 위한 뇌파 검사를 추가했다. 보통의 형사사건에서 뇌파 검사까지 하는 경우는 드문 편이지만 워낙 사안이 크고, 용의자는 입을 다물고 있으니 할 수 있는 모든 방법을 동원해야 했다. 혹시나 있을 기계 고장이나 오작동 등 비상 상황에 대비해 뇌파 검사기 개발 업체의 박사급 연구원까지 동원하는 만전을 기했다. 먼저 피의자의 머리에 뇌파를 측정하는 센서를 부착하고 피의자에게 관련 영상들을 보여주었으나 별다른 성과가 없었다. 우리 수사팀으로서는 실망이 컸다.

당시 범행 장소를 두고도 이견이 있었다. 수사본부에서는 피해자가 발견된 물통이 있는 집을 범행 장소로 추측했다. 그러나 심리 생리 검사관은 사건 전체를 파악해 범행 장소를 피해자 발견 장소가 아닌 근처 무당 집의 신당이라 주장했다. 그는 자신의 판단을 확신했고, 오판이었을 경우 사표를 쓸 각오로 검사에 임했다.

심리 생리 검사를 위해 김길태에게 질문을 시작했다. 사전 질문에는 거짓말탐지기가 별다른 반응을 보이지 않았다. 하지만 무당 방에 관한 질문에는 즉각적인 반응이 나타났다. 그래프가 요동치며 파형이 급격하게 오르내렸다. 범행 장소가 밝혀지는 순간이었고 김길태가 진범임을 다시 한번 확인할 수 있었다.

거짓말탐지기 검사가 끝나자 김길태는 흔들리기 시작했다. 전문가의 조언대로 그와 라포르가 형성된 형사를 신문에 투입해 설득하기 시작했고 결국엔 범행 일체를 자백받았다. 피해자 집 다락으로 침입해 납치한 뒤, 무당 집에서 여러 차례 성폭행하고 시신을 찾지 못하도록 이웃집 대문 위 물탱크 속에 숨긴 후 그 위에다 백색시멘트를 덮었다는 것이었다.

이 엽기적인 범죄 행각에 언론의 관심은 대단했다. 당시 전국의 언론사 기자들이 덕포동에 살다시피 하면서 경찰 수사를 취재했다. 경찰도 수사에 많이 투입되었지만, 경찰보다 기자들이 사건 현장에 더 많이 나타난 이례적인 사건이었다. 피의자 김길태는 1심에서 사형선고를 받았고 2심에서 무기징역으로 감형, 대법원에서 확정된 뒤 현재도 복역 중이다.

김길태 사건은 부산시 중구 신창동 '실탄 사격장 화재 사건' 후 100일 만에 연달아 발생한 사건으로 두 사건 모두 내가 주무 계장으로 담당했다. 두 건 모두 부산 경찰 역사박물관에 77년 경찰 역사 10대 사건 중 아홉 번째, 열 번째 사건으로 선정된 큰 사건이었다.

편지 한 통과 지문
그리고 과학수사

범죄를 꿈꾸는 어리석은 이가 있다면 꼭 기억해야 할 것이 있다. 범죄도 진화하고 범인도 진화하지만, 경찰 과학수사대의 기법과 실력은 훨씬 더 빠르게 발전하고 있다는 것이다. 그러니 "그대 아직도 꿈꾸고 있는가?"라는 말처럼 어리석은 일은 애초에 만들지 말라고 전하고 싶다.

벌써 16년이 지난 일이다. 2007년 12월 11일 부산경찰청 과학수사계의 전화가 급박하고 요란하게 울렸다. 112상황실에서 걸려 온 전화로 이유는 편지 한 통 때문이었다. 물론 그냥 편지가 아니었다. 5일 전 강화도에서 발생해 전국을 떠들썩하게 만들고 있는 총기 탈취범의 편지가 부산 연제구 물만골 우체국에 도착했다는 것이었다. 이 용의자는 현역 군인들을 사상하고 초병들이 소지하던 K2소총과 실탄 및 수류탄을 빼앗아 간 대담하고 무모한 범인이었다.

사건은 12월 6일 오후 5시 40분경 발생했다. 강화도 길상면 황산도 해병대 2사단 부대 앞에서 경계 근무를 서던 초병이 모 병장과 박 모 일병에게 코란도 승용차로 돌진한 후, 칼로 두 초병을 공격했다. 목숨이 위태로운 상황에서도 두 해병은 무기를 빼앗기지 않으려 사투를 벌였으나 박 일병은 범인에게 일곱 군데의 자상을 입고 끝내 사망했다. 그날 범행에 사용된 코란도 차량은 두 달 전 경기도 이천에서 도난당한 차량이었으며, 사건 발생 이후 현장에서 90킬로미터 정도 떨어진 경기도 화성시 장안면 독정리 풍무교 인근 논바닥에서 전소된 채로 발견됐다.

당시 시국은 17대 대통령 선거를 보름 앞둔 시점이었다. 각 당의 후보들이 사활을 걸고 전국으로 유세를 다니는 상황이었는데, 총기를 탈취한 피의자도 같은 시각 전국을 누비고 있으니 이야말로 예삿일이 아니었다. 군은 전시에 준하는 진돗개 하나를 발령했고, 경찰 역시 초비상이었다. 오죽하면 '북한 소행이다', '선거를 방해하려는 특정 세력이다' 등등 여러 말이 나돌았을 정도다. 대통령 후보들의 경호가 삼엄해지고 시민들도 불안과 공포에 떨었다. K2소총과 실탄, 수류탄으로 무장한 용의자가 어디에서 무슨 짓을 할지 누구도 예상할 수 없었다.

이런 상황에 그 용의자에게서 편지가 온 것이다. 편지는 부산시 연제구 물만골역 부근 우체통에서 발견되었다. 연하장 크기의 봉투 겉면에 "경찰서에 보내주세요", "총기 탈'치'범입니다"라고 적혀 있었다. 범행은 북쪽 끝 강화도에서 일어났는데 남쪽 끝인 부산에서 범인의 편지가 발견된 것이다. 이 엄청난 사건이 우리 손에 떨어졌다. 즉시 편지 내용과 편지 봉투, 편지지 전부를 대상으로 집중 분석에 들어갔다.

범인이 편지를 보내온 것도 의외의 일이지만 편지의 내용도 예상을 뛰어넘었다. 자신이 강화 해병대 총기 탈취범이라며 초병을 죽이고 총기를 탈취한 과정을 설명했고, 총기를 호남고속도로 하행선 전남 장성군 백양사휴게소 200미터 부근 박산교 아래 개천에 버렸다고 알려주면서 조건을 제시했다. 조건이 충족되면 자수하겠다는 내용이었다. 범인이 아니면 알 수 없는 여러 가지 상황이 적힌 것으로 보아 진범이 확실했다.

곧바로 경찰청에 편지를 발견했다고 보고했다. 과학수사팀이 즉각 감식에 돌입했다. 지문을 찾는 것이 최우선이었다. 분석 시약으로 닌히드린(ninhydrin, 아미노산의 예민한 발색 시약) 용액법을 사용했다. 지문이 있을 것이라고 추정되는 종이류에 이 시약을 바르고 전기다리미로 다려 열을 가하면 맨눈으로는 보이지 않던 지문이 거짓말처럼 보라색으로 나타난다. 총기 탈취범의 편지 봉투와 편지지에서 각각 1점씩 지문이 나왔다. 드디어 범인의 인적 사항이 특정된 것이다. 오리무중이던 사건이 범인이 누구인지 확인되면서 급물살을 탔다. 범인은 이튿날 서울 종로구 단성사 앞에서 검거됐다.

그가 자수 편지를 보낸 것은 진심이 아니었다. 당시는 대통령 선거를 13일 앞둔 시기였다. 대통령 후보들이 유세를 위해 전국을 돌아다녀야 하는 시기인 만큼 총기와 실탄을 탈취한 자신으로 인해 경호와 검문이 강화되었고, 이는 되레 자신에게도 엄청난 압박이었다고 했다. 이런 긴장을 완화하고 자신의 검거 위험성을 낮추면서 세간의 관심 또한 줄이려는 의도로 자수하겠다며 총기와 실탄 및 수류탄의 소재를 알린 것이다.

범인은 나름 주도면밀한 면을 보였다. 편지에 지문을 남기지 않기 위해 장갑을 끼고 글을 썼다. 또 자신의 신분에 혼란을 주기 위해 대학원까지 나왔으면서도 '총기 탈치범'이라고 의도적으로 틀린 단어를 썼다. 오른손잡이이면서도 왼손으로 비뚤비뚤하게 글씨를 썼고, 맞춤법도 일부러 틀리게 적어놓았다. 편지도 자신과 전혀 연고가 없는 부산에서 그것도 비교적 인적이 드문 물만골 쪽을 선택해 우체통에 넣었고 곧바로 서울로 올라갔다. 나름 경찰의 수사망에서 벗어나 수사에 혼란을 주고자 한 것이다.

완전범죄란 없다. 그의 의도는 사소한 실수에서 빗나갔다. 글을 쓸 때는 장갑을 끼고 썼으나, 편지지를 봉투에 넣는 과정에서 순간적으로 방심했던 모양이다. 장갑을 끼고 얇은 종이를 만지기가 어렵자 맨손으로 넣다 딱 한 점씩 지문을 남긴 것이다.

과학수사 격언에 "Every contact leaves a trace(모든 접촉은 흔적을 남긴다)"라는 말이 있다. 범인들은 완전범죄를 꿈꾸지만 모든 흔적을 다 지울 수는 없다. 그리고 과학수사팀은 작은 흔적도 결코 놓치지 않는다.

벼룩의 간을
빼 먹는 놈들

수사를 하다 보면 대한민국이 뒤집힐 정도의 엄청난 사건들도 있지만, 보편적인 시각에서 볼 때 작은 사건들도 많다. 물론 피해자 본인에게는 작은 일이 아니라 인생이 걸린 문제일 수도 있으니, 함부로 크다 작다 말할 수는 없는 일이기도 하다.

언젠가 20대 청년이 몇백만 원을 사기당하고 목숨을 끊었다는 뉴스도 있었다. 듣기에 따라서는 고작 몇백에 목숨을 버리냐고 할 수도 있지만, 당사자는 세상이 무너지고 살아갈 의지가 없어질 만큼 절망의 끝에 놓인 것이다. 나도 비슷한 나이의 자식을 둔 사람이니 이런 뉴스를 접하거나 현장에서 사건으로 접하면 마음이 편할 리 없다.

실제로 선량한 국민이 피해를 보는 범죄 중엔 이런 류가 훨씬 더 많다. 우리 주변 가까이서 누구라도 당할 수 있는 아주 흔한 범죄이기도 하다. 청년들이 쉽게 빠지는 사기 중 대표적인 것이 '휴대전화 대출 사기'다. 휴대전화를 담보로 대출해주겠다고 속여서 대량의 대포폰을 만들어 이를 되팔고, 불법 취득한 개인정보로 인터넷을 개통해 그 사은금까지 받아 가로채는 것이다. 어이없게도 몇십만 원 때문에 범죄 피해자가 되고 때로 공범이 되기도 한다.

직접 수사한 사건 중 30대 주범 등 3명이 구속되고, 유통책인 20대 2명은 불구속된 사건이 있었다. 무려 435명에게서 1,500대의 휴대전화를 수집해 자그마치 10억 3,000만 원의 부당이득을 챙긴 사건이다. 휴대전화 대출이나 무방문 소액 대출 광고를 생활 정보지에 내거나 스팸 메시지로 대량 발송한 뒤, 이를 보고 찾아온 가난한 서민들을 대상으로 사기를 친 사례다.

이를테면 이런 식이다. 급전이 필요한 이들에게 두 달간 명의만 빌려주면 휴대전화 한 대당 10만 원씩 주겠다 한다. 이 말에 속은 피해자들은 단돈 10만 원 때문에 최대 1,300만 원의 피해를 보기도 했다. 자기 이름으로 개통된 전화기에서 1,000만 원대의 요금이 나온 것이다. 단돈 10만 원이 없어 대출 사기에 걸려든 사람이 1,000만 원이 있을 턱이 있겠는가. 곧바로 신용불량자가 되고 인생은 더 고달파지기 마련이다. 안쓰러운 마음만 커지는 일이었다.

보험 사기도 날이 갈수록 늘어나고 지능화되고 있다. 너무나 쉽게 거액을 만질 수 있다 보니 그 유혹에 빠지는 이들이 끊이지 않는다. 보험 사기는 한두 명 개인이 아니라 여럿이 함께 벌이는 경우가 더 많다. 아예 조직을 만들어 철저하게 분담해 사기를 친다. 그 예로 지입(차량 및 운전자를 지원하고 공급함) 콜택시 광고를 이용한 사례가 있었다.

사기꾼들은 유흥업소 지입 콜택시 영업 광고를 내고 이를 보고 찾아온 이들에게 콜택시 차량 대여금을 대출해주는 것부터 시작한다. 부산의 모 대학에 재학 중인 20대 초반 대학생 A 씨는 학비와 용돈을 벌기 위해 아르바이트를 찾고 있었다. 그의 눈에 이 위험한 아르바이트가 띄었다. 곧바로 전화를 했고 대출업자인 30대 손 모 씨를 찾아갔다. 손 씨는 그 자리에서 선뜻 100만 원을 빌려주었다. 물론 선이자 15만 원을 뗀 85만 원으로, 그 돈을 24일 동안 매일 5만 원씩 갚는 조건이다. 이 경우 피해자는 단순히 '하루 5만 원만 갚으면 된다'에 매몰되어 버린다. 택시 영업을 해서 5만 원 넘게 벌면 남는 것은 자기 수익이 될 거라는 기대에 부푼 것이다. 그러나 사기꾼이 그리 만만할 리가 없다. 사기꾼들은 이리저리 얽혀 있다. 유흥업소 종업원을 한 명씩 태울 때마다 거간비를 떼가고 그나마 수요도 많지 않았다. 이자는 채무로 변해 나날이 불어나고 갚지 못하는 피해자에게 폭력배들이 찾아와 협박을 시작했다. 협박의 강도는 나날이 세졌다.

채무와 협박의 공포로 옴짝달싹하기 어려운 상황이 되자 대출업자 손 씨가 나타나 몸으로 때울 것을 요구했다. 그렇게 손 씨에게 말려든 피해자들이 각기 가해자, 피해자, 목격자로 서로 일을 분담해서 고의 교통사고를 냈다. 당시 내 관할인 연제구의 한 도로에서 차량 두 대로 사고를 내어 보험금으로 500만 원을 받았고, 그 돈은 고스란히 사기꾼 손 씨의 주머니로 들어갔다.

이들을 처음부터 보험 사기로 검거한 것은 아니었다. 사기꾼 손 씨가 불법 채권 추심을 한다는 첩보가 있었고 이를 수사하다 여죄를 밝혀낸 사례다. 정말 딱한 것은 대학생 A씨였다. 피해자이기도 하지만 보험 사기 공범으로 범죄 피의자가 되어버렸으니 이 일을 어찌하면 좋단 말인가. 당연히 피의자 조사를 받아야 하고 형사재판도 받아야 한다. 이제 겨우 20대 초반인데 말이다.

그런데 조사를 하면 할수록 피해자이자 사기 공범이기도 한 이들이 줄줄이 나왔다. 주부, 일용직 노동자, 영업용 택시 기사 등 무려 52명이나 되었다. 대학생 A씨처럼 빚을 갚지 못한 18명의 채무자가 사기꾼 일당의 협박에 못 이겨 지인과 가족까지 범죄에 가담시킨 것이다. 이들은 모두 30여 차례에 걸쳐 고의 교통사고를 내고 보험사로부터 3억 원을 받아냈다. 아니나 다를까. 보험금 전액은 전문 사기꾼 손 씨가 가져갔다.

세상에 쉽고 간단하게 돈 버는 일은 없다. 별것 아닌 사소한 일이 검은 범죄로 빨려 들어가는 미끼가 되기도 한다. 사기꾼은 우리 주변에 널리고 널렸다. 정말이지 벼룩의 간을 내어 먹는 놈이 아닐 수 없다. 사회의 가장 약자들을 상대로 피를 빨아먹는 이런 놈들을 더 잡아넣지 못한 것이 내 경찰 인생의 한으로 남는다.

경찰은
채권추심원이 아니다

몇 년 전의 일이다. 할머니 한 분이 경찰서로 찾아왔다. 대뜸 사기당한 돈을 찾아달란다. 일단 자초지종 얘기를 들어봐야 한다. 사건이 구성되고 안 되고는 뒷일이니 일차적으로 연세 드신 분의 억울함을 듣는 게 우선이다.

할머니에게는 평소 가깝게 지내면서 좋은 사람이라고 생각해온 이가 있었다고 했다. 어느 날 이자를 쳐서 잘 갚겠다면서 돈을 빌려달라기에 자기 일처럼 여기고 빌려주었다. 그것도 본인의 여력이 안 되니 다른 이에게 빌려서까지 말이다. 사회적 평판이 아주 좋았던 이였기에 의심의 여지가 없었단다.

흔한 말로 "돈은 내 손을 떠나면 그 순간부터 내 것이 아니다"라고 하지 않던가. 시간이 지나도 이자는커녕 원금도 돌아오지 않았다. 나중에 보니 아내 앞으로 재산을 돌려놓고 본인은 파산선고를 해버렸더란다. 할머니는 당신 돈은 접어두고라도 빌려주기 위해 다른 이에게서 끌어온 돈의 이자까지 감당하느라 이만저만 어려운 게 아니었다고 했다.

할머니로서는 당연히 분통 터지는 일이었다. 사실 이 사연이 그렇게 깜짝 놀랄 일도 아니다. 세상에 널리고 널린 흔한 이야기다. 이런 경우 피해자들의 십중팔구는 그들이 당한 물질적 피해 대부분을 다시 돌려받지 못한다. 게다가 주변에 하소연을 해봤자 어리석고 무지해서 또는 욕심 탓에 자초한 일이라는 억울한 소리까지 듣는다. 그러니 정신적으로든 물질적으로든 피해에서 평생 벗어나지 못하는 이들이 대다수다. 어디 그뿐이던가. 때때로 참담한 결과를 낳기도 한다. 정신적 고통을 견디지 못하고 자살을 선택하는 이들도 있고, 또 일부는 가해자를 향한 보복형 범죄를 저질러서 오히려 자신이 가해자가 되어버리는 경우도 있다.

사기 범죄는 비단 개인 간의 일로만 끝나는 것이 아니다. 소시민들의 사기는 경찰에 와서 호소도 하고 운이 좋으면 형량이 가볍기는 해도 법의 응징을 받게 할 수도 있다. 그러나 이런 새우같이 작은 사기범들과는 달리 덩치가 큰 고래들의 사기는 그물에 걸리지 않는다. 그물이 찢어질까 조심하는 손의 조력 아래 고래는 조용히 넓은 바다로 간다. 그러나 그들의 사기 흔적은 피해자의 지워지지 않는 아픔에만 머물지 않는다. 국가 이미지와 신용도에도 치명적인 타격을 안긴다.

사기는 사람의 삶과 가정과 때로는 목숨까지 파괴하는 극악한 범죄이고, 나아가 국가 전체의 이익을 갉아먹는 매국 범죄다. 개인적으로는 사기죄를 살인의 무거움과 같은 정도로 봐야 하지 않나 싶다.

우리나라 사기 범죄 발생 빈도는 일본의 열 배에 가깝다. 일본 인구가 우리의 두 배쯤 되니 인구당 사기 범죄율은 무려 스무 배나 되는 셈이다. 경제협력개발기구(OECD) 국가 중 '사기 범죄율 1위'라는 오명을 얻고 있다. 시쳇말로 문만 열고 나가면 사기꾼을 만난다는 말이고, 평생 살면서 크든 작든 사기 피해 한 번쯤 당하지 않은 사람이 없을 정도라는 얘기다.

타인에게 돈을 빌리는 사람은 딱 두 종류다. 하나는 은행에서 돈을 빌리기 어려운 사람이다. 신용이 좋지 않고 경제 사정이 좋지 않은 이를 은행은 귀신같이 알아낸다. 다른 하나는 은행에서 돈을 빌릴 수 있음에도 의도적으로 개인에게 빌리는 자다. 은행 상대로 돈 떼먹기는 어려우나 주변인의 돈을 삼키는 것쯤은 아무렇지도 않은 사람들이다. 애초에 그들이 말하는 고율의 이자는 당연히 꿈같은 일인 것이고, 피해자는 눈 뜨고 당하기 마련이다.

사기당하지 않는 법은 간단하다. 돈을 내어주지 않으면 된다. 물건을 구매할 때 지급한 돈이 다시 돌아오지 않듯이 내 주머니에서 나간 돈은 다시 돌아오지 않는다. 멀리서 보면 위험성이 불 보듯 뻔한 일인데 당장 내 앞의 현실이 되면 황금알을 낳는 거위로 보이는 것이다. 한편으로는 정 많은 한국인의 특성상 거절하지 못하고 그만 마음이 동해서 통장을 털고 주머니를 터는 것도 문제다.

평생 경찰로 살아온 사람, 그리고 이제는 경찰을 지지하고 응원하는 한 사람으로서 내가 하고 싶은 말은 따로 있다. 경찰서는 채권추심업체가 아니고, 경찰은 채권추심원이 아니라는 사실이다. 국민 대부분은 가장 가까운 보호자이자 해결자로 경찰을 꼽는다. 경찰을 믿는 선량한 국민이 경찰서로 들고 오는 고소 고발 건의 70퍼센트 이상이 사기다. 하지만 이 중 법원의 문턱을 넘는 건 25퍼센트가량이고, 또 법원으로 넘어간 그 25퍼센트 사기 사건 중 처벌 비율은 얼마 되지 않는다. 현저하게 낮은 수치다.

이를 계산해보면 고소당한 백 명의 사기꾼 중 실제로 법의 응징을 받는 비율은 열 명 정도라는 것이다. 경찰이 속 시원하게 해결할 힘도 방법도 없다. 그저 경찰 행정력을 사기 사건에 내줄 뿐이다. 아니, 하소연을 듣거나 관례에 따른 행정절차에 의미 없이 소진될 뿐이다. 이처럼 죄를 입증하기조차 어려운 것이 사기 범죄다.

물론 경찰이 국민 피해를 나 몰라라 한다는 것은 아니다. 다만 금전 사기로 인한 경찰 행정력 낭비가 어마어마하다는 것을 알리려는 것이다. 치안을 살피고 강력 범죄를 해결해야 할 경찰력이 사기꾼들에게 시간을 소진하고 있는 게 현실이다.

경찰이 지켜내야 할 국민이 또 다른 심각한 범죄에 노출된다는 절박한 안타까움의 다른 표현이기도 하다.

강력 범죄와 동기 파악이 어려운 사건들이 점차 늘어나고 있다. 현직 경찰이 좀 더 의미 있는 일을 할 수 있도록, 좀 더 국민을 잘 지킬 수 있도록 최소한의 시간과 에너지를 낭비하지 않기를 바라는 마음이다.

공정의 판을 깨는
사람들

가난한 나라, 힘없는 나라가 국제 무대에서 제 모습을 당당하게 드러낼 수 있는 분야를 꼽으라면 단연코 스포츠다. 아프리카나 카리브해의 가난한 나라들이 세계 육상을 지배하는 것처럼 1970년대 우리나라가 개발도상국이었던 시절 1976년 몬트리올 올림픽 레슬링에서 양정모 선수가 금메달을 목에 걸자 온 국민이 환호했다. 그 이유와 힘은 스포츠가 가진 공정의 정신에 있다.

스포츠는 국가 외교의 첫 단계다. 경제력이나 군사력 혹은 문화적으로 내세울 것이 없어도 한두 명 혹은 한두 팀의 강력한 선수들만 있으면 나라 이름을 세계인의 가슴에 각인시킬 수 있다. 그런 면에서 스포츠는 신성하기까지 하다. 다만 때로는 그 신성함이 무너지는 일이 발생하기도 한다.

2012년 7월 30일이었다. 런던 올림픽 중 당시 여자 펜싱 경기를 중계하던 최승돈 캐스터의 "더 이상 스포츠는 신성하지 않습니다"라는 비분에 찬 목소리가 전 국민의 귀와 가슴에 꽂혔다. 에페 결승전에서 신아람 선수가 심판의 고의적인 시간 조작에 의해 독일의 브리타 하이데만에게 금메달을 탈취당하던 순간이었다. 그런데 언제부터인가 국내에서도 스포츠의 가치인 신성함에 먹칠하는 일들이 발생했다. 공정의 판을 깨는 일들이었다.

수사 담당자로 일하던 시기 몇 건의 스포츠 관련 불공정한 사건을 담당했다. 첫 사례는 양궁이었다. 2011년 5월 12일 부산경찰청 브리핑실에 모인 기자들 앞에서 나는 광역수사대장으로서 이 사건에 관한 언론 브리핑을 했다. 국제 대회 금메달 출신인 지도자와 현직 선수들이 장비 업체들과 결탁해 속칭 '깡치기'라는 방법으로 수억 원대의 금품을 수수했다는 내용이었다.

또 국민 세금으로 지원되는 스카우트비와 장학금, 훈련비 등을 빼돌리고 여 제자를 성추행한 혐의까지 받는 지도자도 적발됐다는 수사 보고를 했다. 이 사건으로 당시 양궁계는 초토화되었다. 수많은 협회 관계자, 리베이트를 건넨 업체들 그리고 이들에게 로비스트로 포섭된 전직 양궁 선수들, 국가보조금 관리를 부실하게 한 직무 유기 공무원들까지 무려 150명에 가까운 사람들이 입건되거나 징계를 받았다.

한국 양궁은 여전히 세계 최강이다. 국제 대회에서 10점 만점을 넘어 엑스텐(X10), 퍼펙트골드를 펑펑 쏘아대는 선수들을 보면 나도 어깨에 힘이 들어간다. 2022년 항저우 아시안게임에서도 금메달 4개, 은메달 4개, 동메달 3개, 총 11개의 메달을 따냈다. 공정의 판을 흔들던 손들을 제거한 나도 이러한 최강의 전통을 이어가는 데 조금은 기여한 게 아닐까 싶기도 하다.

두 번째는 농구였다. 2012년 10월 29일 일명 '축승금(경기에서 이긴 팀이 심판진에게 고생했다고 건네는 돈)' 사건으로 대한농구협회 심판위원장 등 협회 관계자, 심판, 감독, 코치, 학부모 등 151명이 적발됐다. 감독과 심판들 간에 누가 먼저랄 것도 없이 공정의 판을 깨는 행위들이 벌어지고 있었다. 감독들이 특정 심판을 배정해달라고 요구하기도 하고, 심판들은 오심의 대가로 축승금을 당연하듯 요구했다. 전국 초·중·고와 대학, 실업팀 농구 경기에서 감독들이 은밀히 심판에게 미끼 돈을 건네고, 원하는 결과가 나오면 약속된 축승금을 보내는 식이다. 결국 축승금이란 해괴한 이름으로 감독과 심판 사이에 수억 원의 돈이 오갔다. 돈은 모두 선수 부모들의 주머니를 털어서 충당됐다. 감독과 심판의 손에 자식의 미래를 볼모 잡힌 부모는 이 불법을 '관행'이라는 이름으로 이해해버렸다.

나는 언론 브리핑에서 말했다.

"선수를 둔 학부모들은 자녀의 불이익을 우려, 항변도 제대로 못 하고 돈을 건네고, 감독은 또다시 심판에게 돈을 건네는 악습이 계속되어 온 것을 확인했습니다. 이번 수사를 계기로 악습과 관행을 끊어 아마추어 농구가 인기를 되찾을 수 있는 계기로 삼았으면 좋겠습니다."

나도 두 자녀를 둔 아버지다. 돈을 뜯기면서 어디 한군데 하소연도 못 하는 그 부모들의 심정을 이해 못 하는 것도 아니었다. 하지만 그들 모두 피해자는 아니다. 그중에는 실력이 부족한 자식에 돈만 많은 부모도 있었으니까.

2004년 부산경찰청 수사2계를 맡고 있을 때는 사격에서도 거액의 횡령 사건이 발생했다. 아니 발생했다라기보다 관행처럼 지속되어온 불법을 포착한 것이라 봐야 한다. 그 이전부터 일선 사격팀들은 대한사격연맹과 구매 대행업체를 통해 독일, 영국, 중국 등지에서 실탄을 공동구매하고 있었다. 이 과정에서 환차액을 횡령하거나 허위 납품서를 제출한 뒤 남은 소모품을 되팔아 돈을 챙긴 혐의로 당시 사격 국가대표팀 코치 등 138명을 적발했다. 그 중 상습적이거나 횡령 액수가 많은 56명은 불구속 입건하고, 나머지 82명에 대해서는 해당 기관에 통보했다. 이 사건 역시 학부모의 주머니를 털거나, 국가 예산을 빼돌려서 7년간 3억 3,000만 원이라는 돈이 개인 주머니로 들어갔다.

2024년 파리에서 제33회 올림픽이 열린다. 양궁, 농구, 사격에서도 여전히 선수들이 출전하고 메달을 딸 것이다. 어느 종목이라 할 것 없이 부디, 공정의 판이 깨어지는 일이 없기를 소망한다. 결과에서도, 과정에서도 또 나라 안에서나 밖에서나 마찬가지로 스포츠의 신성함에 누가 되는 일이 없기를 바라는 마음이다.

칼끝은
둥글게

───────────────

'호모 파베르(Homo Faber).' 인간의 특성과 본질이 물건이나 연장을 만들어 사용하는 데에 있다고 보는 인간관이다.

프랑스의 철학자 앙리 베르그송(Henri Louis Bergson)이 주창한 호모 파베르가 가장 먼저 만든 도구는 칼이다. 선사시대 유물로 많이 발견되는 주먹도끼가 좋은 예다. 이름은 '도끼'이지만 실상은 칼에 가깝다. 주먹도끼는 찍는 날과 자르는 날이 모두 있는 구석기 시대의 만능 도구였다. 주로 규암, 석영, 사암 등으로 만들어진 이러한 돌칼류는 종류도 다양해서 당시 사람들은 필요에 따라 양날 칼, 반달 칼, 찍개 등 다양한 도구를 만들어 사용했다.

이후 인간은 오랜 시간 칼의 시대를 지나왔다. 끊이지 않은

나는 대한민국
경찰입니다

전쟁과 살상을 거치며 칼의 영역은 무한대로 넓어지고, 무기의 기능은 한층 강화되었다. 그 시간 동안 칼을 지배하는 자가 세상을 지배했고 인간을 지배했다.

칼의 시대가 끝난 지금, 칼의 영역은 대부분 주방이다. 물론 다른 용도로도 사용되고 있지만, 사람들은 보통 칼이라는 말을 들었을 때 곧바로 부엌을 떠올린다. 부엌에서의 칼은 주부의 요술 방망이가 아니던가. 칼을 쥔 누군가의 손에서 가족을 위한 식탁이 차려지고, 그 식탁은 가정을 유지하고 가족을 결속하는 중요한 기능을 행사한다.

이렇게 유용하고 가치 있는 칼이 '요리'라는 영역을 벗어나면 위험한 물건이 된다. 특히 범죄에 사용되면 칼보다 더한 흉기는 없다. 칼로 찌르고 베면 사람의 목숨 정도는 쉽게 빼앗을 수 있다. 경찰로 근무하며 오랜 시간 다양한 범죄 현장을 목격했다. 살인 사건의 경우 범행에 가장 많이 사용된 흉기가 칼이었다. 그런데 아이러니하게도 그 칼이라는 것이 피해자가 자기 집에 보관하던 칼인 경우가 대부분이었다.

부산경찰청에서 함께 근무했던 과학수사 요원 중 한 사람이 '범행 도구로서의 칼'로 석사 학위 논문을 썼다. 유능한 현장 과학수사 요원이었던 그는 살인 사건 현장을 방문했을 때 범인 대다수가 피해자 집에 있는 부엌칼을 범행에 사용한 것을 발견하고, 칼의 모양과 보관이 범행에 끼치는 영향과 범죄 피해로부터 사람을 보호하는 방법을 찾기 위해 이 연구를 진행했다.

가정에서 칼은 보통 싱크대 아래 문 안쪽에 보관한다. 부엌 가구를 만드는 기본 설계가 그러하다. 부엌 가구가 그렇게 나오니 사람들은 별다른 생각 없이 그곳에 칼을 보관하게 되고, 또 이것이 가장 적당한 위치로 보편화, 상식화되었다.

범죄로부터 안전한 사람은 없다. 그리고 누구나 순간적인 충동으로 과격한 행동을 할 수도 있다. 이럴 때 주변이 안전하면 범행이 일어날 확률이 낮아진다. 하지만 손이 가기 쉬운 곳이나 구조가 익숙한 곳에 칼이 있다 보면 곧바로 위험한 행동으로 이어질 수 있다. 또 칼로 인한 피해가 꼭 범죄에 의해서만 생겨나는 것도 아니다. 많은 경우 사고나 실수로도 칼이 잘못 사용되어 생각지도 못한 피해를 볼 수도 있다. 그래서 칼을 찾기 쉽지 않은 장소에 두거나 잠금장치를 설치하는 것이 범죄를 예방하고 자신을 지킬 수 있는 좋은 방법이다.

칼에 의한 살인 사건을 분석해보면, 칼날에 베이는 것이 아니라 칼끝에 찔려 살해당한 경우가 대부분이다. 실제로 부산경찰청 과학수사 계장으로 근무할 당시 앞서 말한 논문을 쓴 과학수사 요원과 함께 부산 지역의 칼 제조 공장 한 곳을 방문했던 적이 있다. 그때 나는 관계자에게 "왜 칼끝을 이처럼 날카롭게 또 뾰족하게 제작하느냐?"고 물었다. 그랬더니 그 이유는 자신들도 잘 모르겠단다. 그냥 칼은 그렇게 생긴 것이기에 이를 달리 생각한 적이 없다고 했다.

사람들이 기나긴 살상의 세월을 겪는 동안 칼은 날카롭고 뾰족해야 그 기능에 충실하고 좋은 것이라 여겨왔을 것이다. 그리고 공기나 물처럼 별다른 의식 없이 그대로 유지해 사용해왔을 것이다. 하지만 지금은 굳이 끝이 뾰족한 칼이 필요하지 않으니, 범죄와 사고 예방 차원에서, 더 심각하게는 살인 사건을 조금이라도 줄일 수 있게 칼끝을 무디게 제작하면 어떻겠냐고 제안했다. 돌아온 대답은 그저 허탈했다. 그렇게 만들면 많이 팔 수 없어 곤란하다는 것이다.

2000년 4월 8일 부산시 동래구 온천3동에서 일명 '정두영 사건'이 발생했다. 그날 오후 6시경 온천동의 정 모 회장 집에 침입한 그는 그곳에서 두 명을 살해했다. 그때 사용된 흉기는 정 회장의 집 부엌칼이었다. 범인은 범행 대상 장소에 침입할 때 흉기를 소지하지 않았다. 그 집 주방에 있는 칼을 사용해 범행하기로 이미 작정을 한 것이다. 칼을 휴대할 경우 불심검문을 당할 수 있다는 점을 의식했기 때문이다. 하지만 더 큰 이유는 어느 집이나 주방에는 항상 칼이 있으니 굳이 가지고 다닐 필요가 없었다고 했다.

범죄자들은 범행 장소에 침입하면 자기 보호(?) 차원에서 칼부터 챙긴다고 한다. 만약 그날 정 회장의 집에 칼이 숨겨져 있었거나 끝이 둥근 칼이었다면 피해는 훨씬 줄어들었을 것이다. 경우에 따라서는 예방도 가능하지 않았을까 하는 생각이 든다.

정두영의 연쇄 살인 행각이 밝혀진 뒤, 한동안 부산경찰청 과학수사계에서는 커트기로 칼끝을 잘라주는 봉사 활동을 하고 직원들은 일반 시민을 대상으로 뾰족한 칼의 위험성을 상기시키는 캠페인을 하기도 했다. 또 나는 이러한 생각을 담아 부산경찰청 과학수사계를 방문하는 이들에게 기념으로 끝이 둥근 칼을 선물하기도 했다.

지금 가정에서 사용하는 칼의 모양은 어떻게 달라졌을까? 여전히 주방용 칼 대다수는 끝이 뾰족하다. 관행이나 상식도 생각을 다르게 하는 한 사람으로 인해 바뀔 수 있다. 범죄 예방 차원에서 그리고 국민 스스로가 자신을 보호하는 방법으로 본인 부엌칼을 한번 점검해보면 어떨까? 집에서 사용하는 요리용 칼은 끝이 뾰족할 이유가 없다. 끝이 둥근 칼도 충분히 제 기능을 할 수 있으니까.

세계적으로 높은 치안,
누가 만들었을까

범죄를 해결하는 미국 과학수사대의 활약을 그린 드라마 〈CSI〉는 미국 CBS 방송에서 2000년 10월부터 2015년 9월까지 방영된 장수 수사 시리즈물이다. 방송 당시 미국 내 시청률 부동의 1위를 장기간 유지했으며 전 세계 많은 나라로 수출되었다. 국내에서도 방영되었고 높은 시청률과 함께 수많은 '〈CSI〉 덕후'까지 양산했다.

이 시리즈는 기존의 형사물과는 다른 모습으로 시청자들을 열광시켰다. 일반적인 탐문 수사가 아닌 철저하게 현장 증거와 과학적 분석에 의한 수사물이었던 까닭이다. 마치 과학수사의 모범을 보여주는 것 같았다. 다양한 시약과 기법, 그리고 굉장한 기계들이 등장했다. 뚜렷한 히어로가 없어도 등장하는 모든 배역의 수사 대원이 '과학수사 슈퍼맨'이었다. 과장된

면도 많고, 전 세계 경찰청을 상대로 한 장비 회사의 광고까지 들어 있었지만, 사람들은 드라마가 보여주는 그 현란한 과학기술에 홀린 듯 빨려들었다. 시청자들은 범죄 수사가 간단하고 쉬우며, 해결 또한 드라마처럼 빠르게 되는 줄 알았을 것이다. 순식간에 결과를 도출하는 드라마 속 기계가 모두 실제로 존재한다고 믿는 사람도 없지 않았다. 무엇보다도 미국 경찰은 그처럼 유능하고 범죄 해결에 능숙한 줄 알았을 것이다.

그렇다면 한국 경찰에 대한 시각이나 인식은 어떨까? 한국 경찰은 욕먹는 게 일상이다. 열 번 중 아홉 번 잘한 일은 늘 당연한 일로 묻힌다. 하지만 어쩌다 실수 한 번 한 것은 언론에 의해 침소봉대되어 사정없이 패대기쳐진다. 확률적으로 어디에서나 생겨날 수 있는 비리, 누구나 할 수 있는 실수도 그 대상이 경찰이라면 몇 배로 질타받는다.

글로벌 데이터베이스 넘베오(NumBeo)가 2023년에 발표한 세계 144개국의 치안 위험도에 따르면 한국은 매우 안전한 국가에 속한다. 가장 위험한 나라로 베네수엘라가 1위였고 반대로 가장 안전한 국가로 꼽힌 카타르는 144위였다. 한국은 128위로 안전도가 높게 나왔다. 미국은 57위로 상당히 위험한 국가에 속했다. 비교적 안전하다는 캐나다와 복지 선진국 북유럽보다도 한국이 훨씬 높은 안전도를 보였다. 국가지표체계(Kindicator)의 통계를 살펴봐도 최근까지 한국의 치안은 좋아지고 있었다. 한국의 인구 10만 명당 경찰관 수는 2012년

204명에서 2022년 254명으로 증가했고, 인구 10만 명당 범죄 피해율은 2012년 4.6건에서 2020년 3.8건으로 감소했다. G7 국가들의 지표와 비교해봐도 한국이 훨씬 안전하다.

이러한 지표가 나오는 것은 여러 가지 요건이 충족되어야만 가능하다. 국민의 윤리 척도, 상대적으로 심하지 않은 빈부격차, 국가의 지정학적 위치와 경제력 그리고 복지 수준 등등. 그리고 여기서 반드시 거론되어야 할 것 하나는 '경찰의 실력과 헌신하는 자세'다. 대한민국 경찰은 세계 최고의 치안 국가를 만들어왔고, 또 이를 유지하고 안전도를 상향시키기 위해 여전히 노력하고 있다. 하지만 그 노력은 가끔 오해받고 자주 잊힌다. 게다가 계속해서 더 높은 수준의 치안 안전을 요구받는다.

물론 이는 국민의 욕심도 아니고, 경찰의 후퇴도 아니다. 추구하는 목표가 높아지는 것이 일반적이고, 통제가 없다시피 한 정보 전달력과 그 정보를 받아들이고 해석하는 능력이 타 국가보다 높다는 말이기도 하다. 이러한 현상은 비단 경찰만을 향한 시선은 아니다. 정치와 경제에서도 우리 국민은 어느 한 곳 허투루 보고 넘어가지 않는다. 일일이 찾아내 하나하나 빠짐없이 고쳐가며 나라 모양새를 잡아가는 민족이라서 그럴 것이다.

내가 서두에 미드 〈CSI〉를 말한 것도 이런 맥락에서다. 이 시리즈의 제작 이유로 여러 가지 설이 있다. 그중에는 미국 경찰의 이미지 쇄신을 위한 시도도 들어 있다고 한다. 맞다, 아니다 단언하기는 어려우나 미국 경찰의 실상을 들여다보면 일정 부분 이해되는 면도 있다. 미국이란 나라는 워낙 땅이 넓고, 인종 역시 다양한 데다 빈부 격차도 심하니 범죄율이 당연히 높다. 또 미국 경찰은 한국처럼 일정한 체계가 있거나 중앙집권식이 아니라 지역별로, 민족별로 매우 복잡하게 얽혀 있고 경찰 기관만 해도 수백 개가 넘는다. 신속한 연결과 유기적인 협업이 어렵다. 이는 범죄 억지력이 낮고 사건 해결률이 낮아지는 중요한 원인 중 하나다.

경찰 출신인 나는 물론이고 국민도 알고 있다. KCSI(Korea Crime Scene Investigation, 과학수사대)의 능력이 얼마나 탁월한지를. 2006년 7월 서울 서초구 서래마을 프랑스인 부부 가정에서 영아 시신이 두 구 나왔을 때 프랑스는 한국의 감식 결과를 두고 코웃음을 쳤다. '감히 너희 동양인'이라는 태도였다. 그러나 KCSI는 정확했다. 지금까지 여러 차례의 큰 사건 수사에서도 그 실력을 유감없이 보여줬다.

하루아침에 이루어진 능력이 아니다. 한민족은 기록하는 민족이고 한반도의 국가들은 기록의 축적과 보관을 무엇보다 중요시했다. 조선 시대 실록 사고는 한양의 춘추원만이 아니라 전국 각처 깊은 곳에 2~5개까지 지어져서 각각 그 사본을 보관했다.

범죄 분야에서도 마찬가지다. 서양에서 마녀재판을 할 때 우리는 이미 조선 시대 법의학서인《증수무원록》에 기초해서 초검, 재검을 실시했고, 율서《경국대전》에 따라 적합한 형을 내렸다. 그뿐만 아니라 그 과정을 일일이 기록해서 보고하고 또 보관했다. 그중 우리가 잘 아는 형법서《흠흠신서》가 있다. 나는《흠흠신서》를 쓴 정약용 선생을 우리 과학수사계의 직속 선배라고 칭해도 좋겠다는 입장이다. 그가 행한 과학수사 기록은 지금의 시각으로 봐도 놀랍다. 사건을 대하는 태도와 피해자, 가해자를 대하는 자세에서 누구도 억울함이 없게 하려는 그 신중함이 지금의 무죄 추정 원칙에 온전히 부합한다고 보기 때문이다.

과거로 보나 현재로 보나 또 미래로 보나 대한민국 경찰은 당당해도 괜찮다. 강한 장수 아래 약한 군사 없듯, 훌륭한 선배 아래 더 유능한 후배들이 줄을 잇는 법이다. 이제 나는 총경이 아니고 더는 경찰의 꽃도 아니다. 그리고 또 새로운 우연과 새로운 운명 앞에 필마단기(匹馬單騎)로 섰다. 이 책을 통해 대한민국 경찰을 대변하고자 함은 선배들을 향한 나의 경외이자 후배들을 향한 나의 헌사다.

트라우마는 그대로이고
수사 인력은 제자리다

바야흐로 범죄 콘텐츠 전성시대다. 동서양 가릴 것 없이 범죄는 영화나 드라마의 주요 소재다. 요즘은 안방으로 들어오는 방송까지 범죄가 대세다. 드라마든, 예능이든, 아니면 시사 프로그램이든 일단 범죄를 다루어야 시청률이 나온다. 지상파 방송과 케이블 방송은 물론이고 유튜브 채널까지 범죄를 다루는 매체 수는 헤아릴 수 없을 정도로 많다.

범죄 콘텐츠의 범람과 함께 자연스레 경찰에 대한 관심과 인기도 높아졌다. '프로파일러(profiler, 범죄 심리 분석 수사관)'라는 아주 세련되고 전문성 높아 보이는 직함으로 등장한 몇몇은 수없이 방송을 타면서 유명 연예인 못지않은 인기와 명성을 얻고 있다. 또 프로파일러가 아니더라도 검시관, 진술 분석가, 영상 분석가 등 전현직 수사 형사들에 이르기까지 정말 많은 경찰과 범죄 전문가가 대중매체에 등장한다. 이쯤에서 화두 하나를 던져보자.

경찰이, 그중에서도 수사를 담당하는 형사가 직업으로서 과연 어떤 가치와 매력을 가질까? 영상에서 보는 것처럼 범죄 수사가 매력적이고 통쾌한 분야일까? 초인적 힘까지는 아니더라도 보통 사람의 범위를 뛰어넘는 능력과 체력이 무한정 공급되는 그런 대단한 직업일까?

세상에 범죄물이 차고 넘쳐도 나는 그런 콘텐츠를 보지 않는다. 부산경찰청에서 20여 년 동안 수사 경찰로서 내가 보고 느끼고 경험했던 수많은 일이 한꺼번에 밀려오는 듯해서다.

시내에서 길을 가다가도, 어느 지역에서 건물 근처를 지나가다가도 '그때 이 길에서 사람이 죽었지?', '저 건물에서도 큰 사건이 있었지?' 하며 트라우마가 울컥울컥 되살아난다. 사고를 겪었던 장면과 사람의 얼굴이 떠오르면서 불안감과 함께 그 자리나 근처에 있다는 것 자체가 불편해져 뒤도 안 돌아보고 정신없이 벗어나곤 한다. 그러고 나면 한참 동안 알 수 없는 불길함과 불쾌감이 온몸을 지배한다.

이뿐만이 아니다. 우리 집에서는 아내고 자녀들이고 내가 있는 시간에는 TV에서 범죄스릴러물은 물론이고 범죄 사건 사고와 관련된 장면 하나만 나와도 곧장 끄거나 아예 보질 않는다. 내가 겪는 트라우마 때문이다. 비단 나뿐만이 아닐 것이다. 일선 형사나 경력자라면 그들이 겪는 트라우마 혹은 PTSD(Post-Taumatic Stress Disorder, 외상 후 스트레스 장애)의 강도는 상상을 불허할 것이다.

생각해보자. 오원춘 사건이나 고유정 사건에서 사체를 수습하고 분석하는 일이 과연 만만하겠는가. 포천 고무통 살인 사건 같은 경우는 피해자의 신원을 알아내기 위해 젓갈화 된 액체 사체 속을 손으로 뒤져 엄지손가락 하나를 겨우 건졌다고 한다. 그 손가락을 펴서 말리고 다시 불려 끝내 지문을 찾아내는 것도 역시 수사과의 몫이다.

사건이 주는 압박만 있는 것이 아니다. 강력 사건이 일어나면 그 자체로도 형사들의 긴장도는 끝없이 올라간다. 경찰 수뇌부와 언론 그리고 국민의 압박 등이 전방위로 들어온다. 부산청 과학수사계장 당시 김길태 사건을 맡았다. 사건 자체도 경악스러운데 용의자 김길태는 수시로 말을 바꾸고 있었다.

당시 수사에 참여했던 형사 중 심리 생리 검사를 담당한 검사관이 있었다. 김길태에 대한 검사를 마친 뒤 우리 직원들도 그 기계로 스트레스 검사를 해보았다. 심리 생리 검사를 맡은 검사관의 차례가 되었다. 그래프 수치가 끝없이 오르내렸다. 심장이 터질 수도 있고, 뇌가 터질 수도 있는 수치였다. 장비 업체에서 나온 연구원은 수사에서 하차하라고 말렸다.

이런 격무와 압박 속에서 일해도 승진에서 별다른 가산점을 받지 못한다. 어쩌다 강력 사건을 해결하면 누군가가 특진했다는 말이 나오기도 한다. 그러다 보니 승진에 유리할 거라는 보는 이도 있겠지만 현실은 그 반대다. 업무량이 많다 보니 시험을 준비할 시간적 여유가 없다. 오히려 불리하다. 거기에 또 기획이나 정보 등을 담당하는 내부 근무자들은 경찰 지휘부와 일할 기회도 많고 그만큼 능력을 인정받기 쉽지만, 형사들은 업무 자체가 서를 떠나야 가능한 외부 업무가 주다. 당연히 인사권자의 눈에 띄기도 어렵다. 그러니 승진이 얼마나 어려우면 그런 강력 사건을 해결해야만 가능할까 하고 이해하면 된다.

걱정하고 우려하던 일이 일어나고 있다. 근래 들어 수사 부서는 '기피 부서'가 되었다. 검경 수사권 조정으로 경찰에 수사 종결권이 부여되는 등 경찰 권한은 한층 강화됐지만, 그 말은 그만큼 업무가 가중된 것이라는 말이기도 하다. 검찰이 맡던 수사까지 경찰로 넘어왔는데 수사 인력은 제자리다. '나쁜 놈(?) 잡는다'는 자부심만으로는 견디기 힘든 현실이 되었다.

2022년 6월 13일 자 《한국일보》 기사 〈"범죄도시 같은 형사들 찾기 힘들어"…'수사는 경찰의 꽃' 옛말〉은 이런 일선 경찰관들의 열악한 실상을 그대로 드러낸 단적인 예다.

실제로 경찰 사건 평균 처리 기간은 2020년 56.1일에서 지난해 64.2일로 늘었다. 경제팀이나 사이버팀의 업무가 특히 과중하다. 일선 경찰서에선 '경제팀 직원들이 모두 떠났다', '수사 부서 지원자가 없어 강제 배정했다'는 얘기들이 들려올 정도다. 시민들은 경찰의 주된 업무를 '수사'로 인식하지만, 수사 부서에 배치된 경찰(2만 4,780명·2020년 기준)은 전체 경찰(12만 6,227명)의 20퍼센트도 안 된다.

후배들의 근무 환경이 내가 근무할 때보다는 낫고 또 삶의 질 역시 나와 우리 동기보다는 괜찮아야 할 텐데 이게 잘 될지 염려스럽다. 나는 평생 경찰이었고, 남은 삶도 경찰 마인드로 살아갈 것이다. 그리고 경찰을 언제나 나의 동료이자 동지로 여기며 살 것이다. 그리고 이제는 경찰의 대변자로, 현직에 있는 후배들이 말할 수 없는 것들을 세상에 말하는 사람으로 살아가려고 한다.

경찰의 인권도
중요합니다

경찰이 현실적으로 가장 크게 부딪치는 문제는 책임의 문제다. 현장에 출동하는 직원에게 과도한 책임을 묻는 일이 바로 그것이다. 이태원 참사 때도, 오송 수해에서도 현장 출동 경찰관이나 119 구급대원에게 모든 책임을 다 물었다. 백번 곱씹어봐도 잘못된 일이다.

큰 재난이 터져 인적·물적 손해가 나면 누군가는 반드시 책임을 져야 한다. 그러나 책임이 있으려면 재난을 막을 정도의 예산을 동원할 법적인 권한이 있거나, 해당 분야에 전문성이 있어 그 전문 지식대로 운용 혹은 수행할 지위에 있거나, 또는 법에 의해 구체적인 책임이 규정되어 있어야 한다. 예를 들면 어느 대도시에서 대형 사건이 발생했다고 치자. 해당 지자체의 구청장은 구호 직원 동원 명령을, 경찰청장은 기동대 동원 명령을 내릴 수 있다. 그들이 책임자이고 일선 경찰이나 구청 직원은 명령에 따르는 사람들일 뿐이다. 그럼에도 불구하고 큰일이 나면 '빨리 오지 않았다', '사전 대책을 세우지 않았다'며 묻지도 따지지도 않고 현장에 출동한 지구대 파출소 직원이나 구급대원에게 먼저 그 책임을 묻는다.

이런 경우 보통 언론이 먼저 비난 물꼬를 튼다. 그러면 약속이나 한 듯이 모든 사람이 비난을 퍼붓는다. 사고가 터지면 희생양이 필요한 것이다. 누군가는 타깃이 되어 비난과 원망을 흡수해야 한다. 만만하고 힘없는 이들이 먹이로 던져진다. 언제나 몸통은 안전하고 깃털들이 뽑혀 날아간다. 이것은 공정하지도 않고 적절하지도 않다. 사고의 근본적인 원인을 따져보아야 책임질 자를 규명할 수 있다. 그런데 이러한 법적 의무나 권한을 살피기보다는 현장에 출동했다고, 또 현장에 있었다고 책임을 지게 하는 것은 사고 수습에서도 재발 방지에서도 옳은 방법이 되지 못한다.

상황에 따라 다르긴 하지만 재난 현장에 일찍 갔다고 그 재난을 다 막을 수 있는 것도 아니다. 사고 현장에 출동했다고 모든 인명을 구할 수 있는 것도 아니다. 국민을 지키기 위해 제 목숨을 대신 잃은 경찰관과 구급대원이 얼마나 많은가. 경찰 대다수는 언제나 최선을 다한다. 그리고 무엇보다 경찰은 지휘 체계와 명령에 따라 움직이는 집단이다.

사후약방문은 누구나 할 수 있다. 대형 사고가 나면 지나간 상황을 돌이켜 다른 이상적인 방법이 있었는데 왜 그렇게 하지 않았는지 문책하는 전문가가 수두룩하게 등장한다. 하지만 위험하고 큰 사고가 났다는 것은 그만큼 예측 불허의 상황이었다는 것이다. 여러 가지 변수가 있고 다양한 부작용도 함께 있다. 목숨이 달린 급박한 상황에서, 대량 피해가 발생한 현장에서 매번 정답을 알아내고 그대로 처치하는 것이 과연 가능할까. 신도 아닌 인간이 말이다.

다시 말하지만 재난이 발생했을 때 그 현장에 출동한 사람들에게 책임을 추궁하지 말아야 한다. 정작 책임져야 할 책임자에 대한 처벌이 빠지면 재난은 다시 발생할 수밖에 없다. 그러면 책임은 누구에게 물어야 할까?

'책임자'라는 말은 그 일에 대한 권한이 있다는 말이고 또 주어진 이름만큼 전문성이 있어야 한다는 말이다. 그래야 올바른 판단을 하고 올바른 명령을 내릴 수 있다. 일선 지구대 경찰관이나 119 구급대원에게 책임자라 부를만한 권한이 있다고 생각되지 않는다. 그들은 명령에 의해 움직이는 사람일 뿐이다. 구체적으로 말하면 이런 힘은 지방자치단체장이나 치안과 안전을 담당하는 경찰 고위급은 되어야 한다. 힘은 책임의 다른 표현이다.

에필로그

역사는
반드시 기억한다

나는 왜 그토록 경찰국 신설에 반대했는가. 다시
스스로 물어도 이유는 분명하다. 과거의 역사가 미래의 교훈
이기 때문이다.

역사를 돌이켜보자. 1948년 7월 이승만 정권은 내무부에
치안국(경찰국)을 설치했고 경찰은 내무부 장관의 지시대로
정권의 앞잡이 역할을 했다. 부정선거에 개입했으며 결국 무
고한 민주 시민들의 목숨을 빼앗았다.

1960년 7월 4·19혁명으로 탄생한 민주당 정권은 경찰이
정권과 한 몸이 되면 위험하다는 반성으로 내무부 장관의 사
무에서 치안을 삭제하고 별도의 공안위원회를 두어 경찰을 관
장하게 했다. 1961년 10월 5·16군사쿠데타로 집권한 박정희
정권은 경찰을 장악해 독재 정권의 도구로 쓰기 위해 다시 내

무부 장관 소속에 치안국을 두어 경찰을 군사정권의 앞잡이로 활용했고 민주 열사들을 고문했다.

민주화의 열기로 완성된 13대 여소야대 국회는 1990년 12월 정권과 한 몸이 된 경찰의 잘못으로 사망한 박종철 열사 사례를 교훈 삼아 내무부 장관의 사무에서 치안을 삭제하고 경찰청으로 독립시켜 민주정치의 기본이 되는 경찰의 정치적 중립을 이루었다. 30년 만에 되찾아온 경찰의 독립이었다. 민주당 정권이나 13대 여소야대 국회에서는 경찰이 정권과 하나가 되면 국민의 인권을 침해할 가능성이 크다고 보고 내무부에서 경찰을 분리한 것이다.

과거 독재 권력이 왜 경찰 제도를 변경해 내무부에 두고자 했는지는 그들이 내무부 장관하의 경찰에 무슨 일을 시켰는지 살펴보면 바로 알 수 있다. 그 당시 경찰은 정권의 부당한 지시를 받들어 부정선거에 개입했고, 반발하는 시민을 억압했고, 정권에 반대하는 민주 인사들을 탄압하고 고문해 살해했다.

2022년 7월 23일 전국경찰서장회의를 연 우리 경찰서장들은 이런 부끄러운 과거를 누구보다도 잘 알기에, 과거의 잘못을 오늘날에 와서 다시 반복하지 않기 위해, 그토록 반대한 것이다. 웬만큼 잘못된 일이 아닌 다음에야 그토록 많은 경찰서장이 자기 이름을 걸고 반대하지 않는다. 전국 600여 명 총경 중 과반수가 넘는 357명이 반대하지 않았던가. 그만큼 경찰국 신설은 경찰을 위험하게 하고 국민을 위태롭게 하는 명백한 잘못이라는 뜻이다.

민주화된 대한민국에서 경찰의 과거 잘못을 연상시키는 경찰국을 되살리려는 이유는 도대체 뭘까? 법을 바꾸어 내무부 치안본부를 경찰청으로 독립시킨 유일한 이유는 경찰을 정권의 손아귀에서 벗어나게 하여 국민의 인권을 보호하기 위해서였다. 그런데 법에서 금지한 일을 특별한 이유도 없이 대통령령을 개정하여 경찰국을 신설해 경찰을 장악하려는 이유를 묻고 싶다. 과거의 역사를 보면 안다. 법을 위반해서라도 경찰을 장악하려는 그들이 지향하는 바가 '민주 정권'인지 아니면 '독재 권력의 강화'인지는.

누군가 〈서울의소리〉와의 통화에서 "권력을 잡으면 검찰·경찰은 알아서 긴다"고 하지 않았던가. 경찰이 알아서 권력에 길 수밖에 없게 만드는 것이 바로 경찰국이다. 국가권력의 중추인 경찰과 검찰이 권력자에게 '알아서 기다 보면' 국민의 인권은 위태롭고 정치는 혼란에 빠지게 되며 우리나라의 민주주의는 후퇴한다. 그래서 안 된다는 것이다. 이것이 바로 내가 목이 터져라 경찰국 반대를 부르짖었던 이유고, 끝내 사표를 쓴 이유다.

과거는 미래의 거울이다. 독재 정권은 경찰국을 선호했고, 독재 정권하에서의 경찰국이 어떤 일을 했는지는 국민이 다 알고 있다. 그런데도 국민 여론을 무시하고 정부조직법을 어겨가며 위법한 경찰국을 신설해 무슨 일을 벌이려 하는가. 그들의 나쁜 의도는 전 국민이 지켜보고 있다. 그리고 역사는 이를 기록할 것이며 반드시 심판할 것이다.

나는 대한민국 경찰입니다
윤석열 정부와의 한판 승부

류삼영 지음

초판 1쇄 2023년 12월 13일 발행
초판 2쇄 2023년 12월 15일 발행

ISBN 979-11-5706-320-8 (03330)

책임편집	황정원
편집도움	이솔림
디자인	김기현
마케팅	최재희, 신재철, 김예리
인쇄	예인미술

펴낸이	김현종
펴낸곳	(주)메디치미디어
경영지원	이민주, 김도원
등록일	2008년 8월 20일
	제300-2008-76호
주소	서울특별시 중구 중림로7길 4, 3층
전화	02-735-3308
팩스	02-735-3309
이메일	medici@medicimedia.co.kr
페이스북	facebook.com/medicimedia
인스타그램	@medicimedia
홈페이지	www.medicimedia.co.kr